CHALLENGE

하루 1장으로 끝내는 100일 챌린지

이시원의

말하기 영문법

ENGLISH · SPEAKING

KB060712

S 시원스쿨닷컴

이시원의
말하기 영문법

초판 2쇄 발행 2024년 7월 18일

지은이 이시원
펴낸곳 (주)에스제이더블유인터내셔널
펴낸이 양홍걸 이시원

홈페이지 www.siwonschool.com
주소 서울시 영등포구 영신로 166 시원스쿨
교재 구입 문의 02)2014-8151
고객센터 02)6409-0878

ISBN 979-11-6150-860-3 13740
Number 1-010101-23232300-08

머리말

영어는 단어를 연결할 줄만 알면 된다

우리는 그동안 영어를 너무 어렵게 배웠습니다. 말은 가장 기초적인 의사소통의 수단임에도 글로 먼저 배우다 보니 영어로 말하는 것에 늘 어려움을 느껴왔습니다. 게다가 정작 말을 하기 위해 필요한 것은 많지 않은데, 마치 모든 것을 완벽하게 알아야만 할 수 있다고 생각하는 경우가 많습니다.

영어를 잘하기 위한 원리는 간단합니다. 단어를 알고 그 단어를 연결할 줄만 알면 됩니다. 그리고 이것이 입에서 빠르게 나오게 하기 위해 끊임없이 반복하여 훈련하면 됩니다. 본 책은 '단어를 연결하여 문장을 만든다'는 핵심 원리를 기반으로 만들었습니다.

하루 1장, 매일 공부하기에 부담 없는 학습량

영어는 꾸준히 공부하는 것이 중요합니다. 일주일에 2~3일 정도, 한 번 공부할 때 3시간 이상 긴 시간을 투자하는 것보다 하루에 30분씩, 조금이라도 매일 꾸준히 하는 것이 영어의 감을 유지해 주어 훨씬 좋습니다. 하여 바쁜 생활에서도 꾸준히 영어를 공부할 수 있도록 하루 1장 학습으로 구성하였습니다. 하루에 간단한 단어연결법 공식 1개와 이를 익히기 위한 훈련 문장 10개씩만 연습해 보세요.

100일 동안 몰입하라

영어의 기초 실력을 제대로 기르는 것은 매우 중요합니다. 내 생각을 자유롭게 표현할 수 있는 실력으로 향상하기 위해 기본기를 확실하게 다지는 시간이 꼭 필요합니다. 그러기 위해 100일 동안 몰두해서 영어 공부를 해보세요. 부담 없는 학습량으로 100일 동안 공부할 수 있게 구성되어 있으니, 이 책만 잘 따라오면서 공부 습관을 기른다면 앞으로의 영어 공부에 밑거름이 될 것입니다.

100일 학습 로드맵

1 100일 동안 영어 몰입을 위한 마음가짐 다잡기

본격 공부 시작 전, 'Part 1 영어 성공을 위한 마음가짐과 공부법'을 읽고, 이번에 확실하게 100일 동안 몰입해서 영어 공부를 잘 해낼 수 있도록 마음가짐을 다잡아 봅니다.

2 하루 1장, 100일 영어 챌린지

단어연결법 학습 및 반복 훈련으로 입이 트이는 영어를 경험해 보세요.

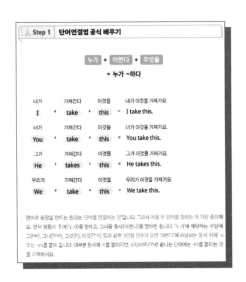

Step 1 단어연결법 공식 배우기

복잡한 문법 공부 없이 단어연결법으로 문장을 말하는 법을 익혀 초보자도 쉽게 입이 트일 수 있습니다. 총 100개의 단어연결법 공식이 여러분 말하기의 기본이 되어줄 것입니다.

Step 2 단어연결법 익히기

이시원 선생님의 강의로 단어연결법을 더욱 정확히 익힐 수 있어요. 각 day마다 2문장씩 제시됩니다. 먼저 한글 문장을 보고, 스스로 영어로 말해본 후 QR을 찍어 강의를 통해 내가 맞게 말했는지 확인해 보세요.

Step 3 다양한 문장으로 단어연결법 훈련하기

영어 말하기의 핵심은 반복 훈련입니다. 이를 위해 하루 10문장씩 주어집니다. 한글 문장만 보고 입에서 1초 만에 영어로 말할 수 있도록 10번씩 반복하여 연습하세요.

01 나는 영어를 공부해.	I study English.
02 나는 아침을 먹어.	I have breakfast.
03 전 요가를 해요.	I do yoga.
04 그는 지하철을 타.	He takes the subway.
05 그녀는 영화를 봐.	She sees a movie.
06 버스는 8시에 와요.	The bus comes at 8.
07 우리는 7시에 일어나.	We get up at 7 a.m.
08 우리는 서울에 살아요.	We live in Seoul.
09 그들은 단것을 많이 먹어요.	They eat a lot of sweets.
10 그들은 돈이 필요해요.	They need money.

* 학습 자료 다운로드 방법

모든 학습 자료는 시원스쿨 사이트의 공부 자료실에서 확인하실 수 있습니다.
❶ 시원스쿨 홈페이지(siwonschool.com)에 회원가입
❷ 로그인 후 [내 강의실 > 공부 자료실 > MP3 자료실]로 들어가기
❸ 검색창에 '말하기 영문법' 검색 후 자료 다운로드

3 학습의 효율을 극대화해주는 학습 자료

1) 이시원의 특별 강의 100강

매 차시 Step 2에서 QR을 통해 강의를 확인할 수 있습니다.
이시원 선생님의 설명을 통해 단어연결법을 확실하게 익힐 수 있어요.

2) 핵심 단어장 PDF

매 차시 단어연결법 훈련을 위해 필요한 단어를 정리하였습니다. 학습하기 전에 단어를 먼저 익히고, 단어연결법 훈련을 하시면 훨씬 더 수월하게 문장 만들기가 가능해집니다.

3) 실력 점검 테스트 PDF

나의 실력을 확인할 수 있도록 Day 10씩마다 실력 점검 테스트가 제공됩니다. 상/중/하 레벨로 구성된 테스트가 제공되어, 나의 실력을 정확하게 점검해 볼 수 있습니다.

4) 원어민 MP3

차시마다 주어지는 훈련 문장 10개를 원어민 음원을 통해 발음을 들으며 학습하세요.
듣기와 말하기에 모두 도움이 될 것입니다. 옆 QR을 통해 확인할 수 있습니다.

5) 유료 강의

'말하기 영문법'은 시원스쿨 온라인 강의(유료)와 함께 학습하실 수 있습니다.
왕초보탈출 1~3탄 내용을 한 권에 담았습니다.
- Chapter 1. 짧은 문장 훈련 (왕초보탈출 1탄)
- Chapter 2. 확장 문장 훈련 (왕초보탈출 2탄)
- Chapter 3. 일상 회화 문장 훈련 (왕초보탈출 3탄)

Chapter 2. 확장 문장 훈련 "문장 확장하여 구체적으로 말하기"

Chapter 3. 일상 회화 문장 훈련 "자연스러운 영어 말하기"

CHALLENGE

**Part 1.
영어 성공을 위한
마음가짐과 공부법**

ENGLISH · SPEAKING

영어 성공을 위한 마음가짐

영어 공부를 본격적으로 시작하기에 앞서, 우리는 마음가짐을 바꿔야 합니다. 마음가짐을 바꿔주는 영어를 잘하기 위한 7계명은 아래와 같습니다.

영어 7계명

1. 영어? 이대로 가면 평생 못한다.
2. 영어 못하면 사는데 지장이 분명히 있다.
3. 영어 외국에서 살지 않아도 가능하다.
4. 영어 공부하기에 절대 늦지 않았다.
5. 영어는 쉬워질 수 있다.
6. 영어 하는 사람이 따로 있는 것은 아니다.
7. 영어 분명히 가능하다.

이러한 마음가짐을 갖고 시작하는 사람과 '그냥 한번 오늘 해볼까?', '계속 실패했는데 될까?'라는 생각으로 접근하는 사람하고 그 차이가 정말 엄청 날 수밖에 없습니다. 즉, 영어를 하기 위해서는 먼저 내가 변화해야 합니다. 그리고 영어를 잘하는 사람이 되기 위해서는 우리가 왜 실패했는지에 대해서 알아야 합니다.

1. 무 계획/목표
2. 무 믿음
3. 무 행동

이러한 3무가 우리를 계속 실패하게 했습니다. 3무를 극복하기 위해서 전략가가 되세요. 영어 공부하는데 무슨 전략가야 싶겠지만, 전략가가 되지 않으면 영어에 도전하는 건 성공할 수가 없습니다.

전략가가 된다는 것은 목표를 세우고 기간을 정하는 것을 이야기하고요. 현재 나의 영어 실력을 파악하는 것을 말하며 과거의 실패 원인에 대해서 분석하는 것을 이야기합니다. 자, 오늘이 전환점이 되는 거예요. 오늘이 여러분들의 어떤 큰 변화에 시작점이 되는 거예요. 그렇게 하기 위해서는 일단은 목표를 세우고 기간을 정하는 것이 중요합니다. 두 번째로 현재 내 영어 실력을 파악해야 해요. 그리고 세 번째가 과거의 실패 원인에 대해서 분석할 수 있어야 합니다. 이 세 가지를 꼭 기억해 주시기를 바랍니다.

먼저 목표를 세워보세요. '1년 있다가 나는 외국 사람과 간단한 대화를 할 수 있으면 좋겠어.' '토익 시험에서 몇 점을 받으면 좋겠어.', '3년 정도 있다가 나는 외국에 있는 회사에서 일하고 싶어.'와 같이 이러한 것들이 우리의 목표가 되는 것입니다.

그리고 목표를 위해 준비를 해나가는 과정이 기간이 되는 것입니다. 그리고 기간에 맞게 계획을 세우세요. 효과적인 계획을 세우기 위해서는 '현재 나는 어디까지는 영어가 되는데 어디서부터 영어가 안되지?'와 같이 내 영어 실력을 파악하기 위한 질문이 필요합니다. 그리고 과거의 실패 원인과 나의 실력에 맞는 공부법에 대해 분석해 보는 것입니다. 다음 장에서 성공하는 영어 공부법에 대해 알아보며 지금까지 내가 해온 영어 공부법과 함께 비교해 보세요.

성공하는 영어 공부법

우리가 영어를 못하는 이유는 단순합니다.

1. 단어를 모른다.
2. 단어를 연결할 줄 모른다. 또는 연결에 확신이 없다.
3. 연결할 줄 알지만 빨리 연결이 안 돼서 표현을 못 한다.

1번부터 안 되는 사람이 있고, 1번은 어느 정도 되지만 2번부터 안 되는 사람이 있고, 1, 2번은 되지만 3번부터 안 되는 사람이 있습니다.

1번이 안 되는 분은 그냥 막연합니다.
2번이 안 되는 분은 알 듯 말 듯합니다.
3번이 안 되는 분은 알긴 알겠는데 입에서만 맴돌 뿐 말이 나오지 않습니다.

이 책이 표현하는 영어는 간단합니다.

1. 단어를 외우고
2. 어떻게 연결하는지 배우고
3. 빨리 연결할 수 있도록 반복합니다.

위의 세 가지 방법을 실천하면 누구나 영어로 말하고 듣고 쓰고 읽을 수 있게 됩니다.
자, 이제 영어를 효율적으로 공부하는 법에 대해 이야기해 보겠습니다.

자주 쓰는 단어부터 시작하라.

우리는 '말, 코끼리, 태양' 등과 같은 단어는 영어로 바로 말할 수 있지만, '갖다 놔, 거기다 놔'와 같은 말은 영어로 말하려고 하면 입에서 바로 나오지 않습니다. 실생활에서 '말, 코끼리, 태양'이라는 단어를 많이 말할까요? 아니면 '갖다 놔, 거기다 놔'와 같은 말을 많이 할까요?

이처럼 단어를 외울 때는 한국어 중심으로 외워야 합니다. 이러한 단어 1,000개를 모으면 일상생활에서 여러분들이 영어를 하시는데 부족한 단어들이 그리 많지 않습니다. 있을 수는 있지만 많지 않을 거고요. 불편하지 않을 거고요. 조금 불편하게 생각되는 부분들이 있다면 그것들만 그냥 찾아서 금방 외울 수 있을 겁니다. 즉, 우리가 쓰는 한국어도 일상생활에서 쓰는 어휘가 한정되어 있는 것처럼 원어민들도 영어 사전에 있는 수만 개의 영어 단어 중 일상에서 실제 쓰는 단어는 전체의 10%도 채 되지 않습니다. 우리도 영어를 배울 때 원어민들이 1년에 한두 번 쓸까 말까 한 단어를 외우는데 힘쓰기보다는 매일 쓰는 일상어를 중심으로 공부하는 것이 훨씬 도움이 됩니다.

하루 3개의 법칙은 진리다.

우리는 단어의 중요성을 잘 알고 있긴 하지만, 절대 단어를 외우는 데에 많은 시간을 쏟지는 않습니다. 그러면서 영어를 잘하기를 원하고, 영어 단어가 스스로 머릿속으로 들어와 주기를 바라고 있지는 않은 지 되돌아볼 필요가 있습니다. 단어를 전혀 모르고 영어로 잘 말하게 되는 일은 절대로 일어나지 않습니다. 지난 1년 동안 자신이 외운 영어 단어 숫자를 세어 보세요. 모두 몇 개나 되나요? 100개? 50개? 20개? 아니면 10개 미만? 너무나 빈약한 개수에 스스로 망연자실할 수 있습니다. 하지만 용기를 내세요. 우리에게는 '오늘'이라는 소중한 시간이 있고, 1년에는 365일이라는 시간이 주어집니다.

앞서 말한 매일 쓰는 일상어를 중심으로 하루에 단 3개씩만 외우세요. 그냥 외우는 것이 아닌, 단어를 소리 내 외워야 합니다. 하루에 3개는 너무 쉽다고, 너무 적다고 생각할 수 있지만 하루에 3개씩 단어를 외우면, 한 달이면 90개, 6개월이면 540개가 되고 1년이면 무려 1,000개가 넘는 단어를 내 것으로 만들 수 있게 됩니다. 한 해가 지나고, 내가 외운 단어의 개수를 다시 되새겨 보면 놀라울 것입니다. 하루 3개씩 단어를 외우면 반드시 영어 공부 성공할 수 있습니다.

단어만 연결해도 영어가 보인다.

건물을 지을 때 뼈대를 먼저 지어야만 비용과 시간이 절약됩니다. 뼈대 없이 건물을 지으면 효율성이 떨어지죠. 그러면 영어를 잘하려면 어떻게 해야 할까요? '단어'를 알고, '단어를 어떻게 연결하는지'를 알고, 이를 무한 반복하면 영어를 술술 말할 수 있게 됩니다.

바로 이 세 가지가 우리 입에서 영어가 나오게 하는 핵심입니다. 엄청난 돈과 시간을 투자하면서도 많은 사람이 영어를 어려워하는 이유는 간단합니다. 바로 기초 공사 즉, 뼈대 공사를 하지 않고 영어 공부를 하기 때문입니다. 벽돌집을 짓는다고 할 때, 영어 단어는 벽돌이고 벽돌 없이 벽돌집을 지을 수 없듯이, 단어를 모르고는 절대 영어를 구사할 수 없습니다. 학창 시절 내내 지겹도록 영어 단어를 외운 사람도 많이 있습니다. 그런데 도대체 왜 말을 못 할까요? 배운 단어와 단어를 연결하는 방법을 모르기 때문입니다. 언어는 기본적으로 단어와 단어의 조합입니다. 언어를 잘하려면 단어들이 어떻게 연결되고 조합되는지를 알아야 합니다. 한국말과 영어는 너무나도 다르기 때문에 영어를 말하려면, 영어 단어가 조합되는 순서를 알고, 그 순서대로 조합하면 됩니다. 사람들이 영어로 말할 때 범하는 가장 큰 실수는 한글식 어순으로 먼저 생각하고,

이를 영어로 바꾸려고 노력하는 것입니다. 머리에 영어 어순을 명확하게 잡아 놓고 반복하여 연습하면 입이 자연스럽게 열릴 것입니다.

영어 단어 연결의 기본

1. 영어는 '누가 + 어쩐다'로 시작한다.

'나는 친구들과 제주에 갈 거야.'는 영어로 어떻게 말할까요?

누가 어쩔 거래요? '나는 갈 거다' 이게 처음 나오는 두 단어예요. 그다음에 '제주에, 친구들과' 의 순서로 문장을 만들 수 있어요. I will go가 처음에 안 나오고, I Jeju와 같이 제주가 먼저 나오면 그 다음부터는 수습이 안 되는 거죠. 그래서 영어로 말할 때 처음 두 단어가 중요합니다.

2. 시제가 구구단처럼 입에서 바로바로 나와야 한다.

친구를 만나요 - 친구를 안 만나요

친구를 만났어요 - 친구를 안 만났어요

친구를 만날 거예요 - 친구를 안 만날 거예요

이러한 시제 연습이 입에서 바로 나오는 게 중요합니다. 그래야 처음 두 단어인 '누가 + 어쩐다' 를 말하는 것이 쉬워져요.

기적은 반복 학습에서 온다.

영어 단어를 외울 때, 단어의 스펠링과 뜻을 달달 암기하는 것이 일반적입니다. 그런데 '외우다'라는 말을 국어사전에서 찾아보면 뜻은 다음과 같습니다.

> **외우다**
> 1. 말이나 글 따위를 잊지 않고 기억하여 두다.
> 2. 글이나 말을 기억하여 두었다가 한 자도 틀리지 않게 그대로 말하다.

10년 동안 외운 영어 단어가 모두 3,000개라고 한다면, 그중에서 100개를 골라 퀴즈로 냈을 때 몇 개나 맞힐 수 있을까요? 그 단어들로 1초 만에 영어로 말하라면 지금 한 마디라도 할 수 있을까요? 단어를 외운다는 것의 핵심은 1초 만에 입에서 그 단어가 능수능란하게 나오도록 외우는 것입니다. 가장 엉성한 영어 공부법은 수많은 단어를 대충 외우는 것입니다. 하루에 100개, 200개 단어를 외운다고 해도, 입에서 곧장 나오도록 외우지 않는다면 외운 것을 사용할 데가 없고, 내가 외운 단어는 진정한 내 것이 아닙니다. 수백 개의 사과를 땄는데 성한 것이 하나도 없어서 먹지 못하게 되는 것과 같은 거죠. 단 한 개의 사과를 따도 먹을 수 있는 사과를 따는 것이 중요합니다. 이 단어를 한 번 외운다고 해서 완전한 내 것이 될 수 있을까요? 완전히 '내 것화'하기 위해서는 즉, '체화'하기 위해서는 반복만이 답입니다. 단어를 외울 때, 절대로 눈으로만 보고 외우지 마세요. 눈으로 보고, 입으로 따라 말해보고 또 들어보아야 합니다. 써보기까지 한다면 금상첨화입니다. 단어와 뜻만 줄줄 암기하는 것은 쓸모가 없고, 반복 학습으로 수없이 말해보고 들어본 후, 다른 단어와 함께 활용 가능해야 정말 내 것이 됩니다.

아는 것이 힘이다? 익숙한 것이 힘이다!

다시 말하지만, 그냥 아는 것은 아무 쓸모가 없습니다. 익숙해져야 내 것이 되고, 쓸 수 있는 것이 됩니다. 단어를 하루에 하나만 외워도 익숙하게, 능수능란하게 사용할 수 있도록 외운다면, 그 영어 단어는 완전한 내 것이 되는 것입니다. 아는 단어의 개수가 많아도 늘 단어가 부족하다고 느끼는 이유는, 그 단어를 활용할 줄 모르기 때문입니다. 하나의 단어를 확실히 외우고 활용법을 아는 것이 새로운 단어를 배우는 것보다 중요합니다. 어떻게 하면 입에 익숙하게 만들 수 있을까요? 반복이 답입니다. 간단한 문장 구조를 가지고 단어만 바꿔가며 입에 익숙하게 계속 반복하는 것입니다. 학원에 갈 필요도 없고, 원어민과 만나 대화하는 것은 나중 일입니다. 간단한 문장을 1초 만에 나올 수 있게 하는 것이 먼저입니다. 한 문장을 확실하게 내 것으로 만든 뒤 문장의 길이를 늘여 간다면 금세 말문이 트일 것입니다.

단어를 외울 때는 영한으로 외우는 것이 아니라, 거꾸로 한영으로 외우는 것이 좋습니다. 대부분의 사람은 모르는 영어 단어를 영한사전으로 찾아 단어를 외웁니다. 예컨대 leave라는 단어를 외울 때, 영어 단어를 사전으로 찾아 한국어 뜻인 '떠나다'로 외우는 경우가 많습니다. 단어가 담고 있는 여러 의미 중에 대표적인 뜻 한두 개만 외우고 leave를 안다고 생각합니다. 하지만, '가방을 버스에 두고 왔다'라는 말을 영어로 표현하고 싶을 때, '두고 온다는 게 영어로 뭐지?'라고 생각하고, 어떻게 말해야 할지는 모릅니다. 답은 'I've left my bag on the bus.'입니다. leave를 안다고 하지만, 실제로 leave를 써야 할 때 쓸 수 있는 사람은 많지 않은 것이죠. 즉, 영어로 된 책을 공부하면서 영어 단어의 뜻을 외우기보다는, 내가 쓰고 싶은 문장을 영어로 만들어 보면서 이때는 어떤 단어를 써야 하는지를 공부하는 게 좋습니다. '방에 열쇠를 두고 왔어'를 영어로 어떻게 쓰지? '지금 통화 중이야. 이따 전화할게'를 영어로 어떻게 쓰지? '이것 좀 녹여 주세요'는 영어로 어떻게 표현하지? 이렇게 한국어를 영어로 바꾸면서 단어를 외우면, 단어를 깊이 있게, 지루하지 않게 공부할 수 있습니다.

1년은 몰두하라

영어의 기초를 제대로 닦는 데는 1년의 투자가 필요합니다. 요리를 못하는 사람이 요리를 배운다고 했을 때, 1년 정도 요리를 배우면 기본적인 요리는 할 수 있고, 급할 때는 레시피를 찾아보면 얼추 원하는 요리를 맛있게 만들어낼 수 있을 것입니다. 1년을 공부한 후에 요리를 더 잘하고 싶어 중식 요리나, 한식 요리의 전문가가 되고 싶을 수 있습니다. 그럴 때는 더 깊이 있는 공부가 필요합니다.

영어도 원하는 목표가 어디냐에 따라 얼마나 오랫동안 영어 공부에 몰두할지는 각자 다를 수 있습니다. 하지만 기초 실력을 만드는 1년의 투자는 누구에게나 꼭 필요합니다. 내 생각을 자유롭게 표현하고, 상대의 이야기를 귀 기울여 들을 수 있을 정도의 영어 기초는 일생에 꼭 한 번 다져야 합니다. 그러기 위해 우선 100일 동안 몰두해서 영어 공부를 해보세요. 그렇게 영어 공부의 습관을 기르고 영어로 자유롭게 말하겠다는 굳은 결심과 함께 1년을 영어 공부에 투자해 보세요. 그 1년은 평생 나를 빛나게 해줄 것입니다.

지금, 이 순간이 가장 이른 시간이다

영어 공부에 있어서, 늦었다고 생각하는 분들이 많은 것 같아요. 근데 생각해 보면 우리 남은 인생에서 오늘이 첫날이거든요. 앞으로 1년, 2년 어떻게 보내느냐에 따라서 인생의 나머지 기간을 어떤 삶을 살아가는지가 결정이 된다고 하면 지금, 이 순간이 가장 이른 시간입니다.

그래서 꼭 용기를 내라고 말씀드리고 싶어요. 지금 늦었다고 생각해서 안 하시게 되면 내년 초가 됐을 때 또 고민하시게 돼요. 그때 가서 '아, 나 늦지 않았었구나.'라고 느끼기 전에 오늘부터 시작하시면 좋을 것 같아요. 사실 변화는 아주 작은 변화로부터 시작이 됩니다. 이 책을 기점으로 해서 엄청나게 큰 변화, 발전을 할 수 있는 시작점이 되었으면 좋겠습니다.

CHALLENGE

**Part 2.
단어연결법
100일 챌린지**

ENGLISH · SPEAKING

Chapter 1.

짧은 문장 훈련

:
:
:

수학을 배울 때 덧셈, 뺄셈과 같이 기본 사칙연산을 알아야

어려운 문제를 풀 수 있는 것처럼 영어도 잘하기 위해서는

기초를 탄탄히 하는 것이 중요합니다.

영어 말하기를 위한 가장 기본이면서 중요한 단어연결법을 통해,

영어가 되는 노하우를 알려드릴게요!

단어연결법 챌린지

DAY 01

영어의 기본 '누가 + 어쩐다'

📋 Step 1 | 단어연결법 공식 배우기

누가 + 어쩐다 + 무엇을

= 누가 ~하다

내가		가져간다		이것을		내가 이것을 가져가요.
I	+	**take**	+	**this**	=	**I take this.**

너가		가져간다		이것을		너가 이것을 가져가요.
You	+	**take**	+	**this**	=	**You take this.**

그가		가져간다		이것을		그가 이것을 가져가요.
He	+	**takes**	+	**this**	=	**He takes this.**

우리가		가져간다		이것을		우리가 이것을 가져가요.
We	+	**take**	+	**this**	=	**We take this.**

영어로 문장을 만드는 원리는 '**단어를 연결하는 것**'입니다. 그래서 **처음 두 단어를 정하는 게 가장 중요해**요. 먼저 행동의 주어(누가)를 말하고, 그다음 동사(어쩐다)를 말하면 됩니다. '누가'에 해당하는 부분에 그(He), 그녀(She), 그것(It), 이것(This) 등과 같은 **3인칭 단수가 오면** '어쩐다'에 해당하는 **동사 뒤에 -s 또는 -es를 붙여** 줍니다. 대부분 동사에 -s를 붙이지만, s/x/o/sh/ch로 끝나는 단어에는 -es를 붙이는 것을 기억하세요.

Step 2 | 단어연결법 익히기

나는 내 차를 운전해요.
그는 커피를 좋아해요.

이시원 선생님과
함께 학습해 보세요.

왕초보탈출1탄

* 영어 문장은 QR 및 230p에서 확인하세요.

Step 3 | 다양한 문장으로 단어연결법 훈련하기

01 나는 영어를 공부해.   **I study English.**

02 나는 아침을 먹어.   **I have breakfast.**

03 전 요가를 해요.   **I do yoga.**

04 그는 지하철을 타.   **He takes the subway.**

05 그녀는 영화를 봐.   **She sees a movie.**

06 버스는 8시에 와요.   **The bus comes** at 8.

07 우리는 7시에 일어나.   **We get up** at 7 a.m.

08 우리는 서울에 살아요.   **We live** in Seoul.

09 그들은 단것을 **많이** 먹어요.   **They eat** a lot of **sweets.**

10 그들은 돈이 필요해요.   **They need money.**

DAY 02

영어의 기본 '누가 + 어쩐다' 부정하기

📋✋ **Step 1** | **단어연결법 공식 배우기**

누가 + **don't/doesn't** + 어쩐다 + 무엇을

= **누가 ~하지 않는다**

나는	~하지 않는다	가지고 있다	시간을	나는 시간이 없어요.
I	+ **don't**	+ **have**	+ **time**	= **I don't have time.**

너는	~하지 않는다	가지고 있다	시간을	너는 시간이 없어요.
You	+ **don't**	+ **have**	+ **time**	= **You don't have time.**

그녀가	~하지 않는다	가지고 있다	시간을	그녀는 시간이 없어요.
She	+ **doesn't**	+ **have**	+ **time**	= **She doesn't have time.**

그들은	~하지 않는다	가지고 있다	시간을	그들은 시간이 없어요.
They	+ **don't**	+ **have**	+ **time**	= **They don't have time.**

'누가 + 어쩐다'의 영어 문장을 부정할 때는 '어쩐다' 앞에 '~하지 않는다'라는 뜻의 **don't(= do not)**를 붙이면 돼요. 그리고 '누가 + 어쩐다' 문장에서 **주어가 3인칭 단수일 때** 동사 뒤에 -s, -es를 붙였던 것처럼 현재시제 부정문에서는 don't가 아닌 **doesn't(= does not)**를 사용합니다. 그리고 이때 doesn't 뒤에 오는 동사는 원형으로 씁니다.

Step 2 | 단어연결법 익히기

그는 커피를 안 마셔요.
그는 이거 몰라요.

이시원 선생님과 함께 학습해 보세요.

왕초보탈출 1탄

* 영어 문장은 QR 및 230p에서 확인하세요.

Step 3 | 다양한 문장으로 단어연결법 훈련하기

01 나는 야채를 안 먹어.　　**I don't eat vegetables**.

02 나는 안경을 안 써.　　**I don't wear glasses**.

03 넌 일을 **열심히** 안 해.　　**You don't work** hard.

04 너는 차를 안 마셔.　　**You don't drink tea**.

05 그는 택시를 안 타요.　　**He doesn't take a taxi**.

06 그녀는 **보통** 아침을 먹지 않아요.　　**She doesn't** usually **have breakfast**.

07 그 버스는 **자주** 오지 않아요.　　**The bus doesn't come** often.

08 우리는 TV를 안 봐요.　　**We don't watch TV**.

09 우리는 주말에 일찍 안 일어나.　　**We don't get up** early on weekends.

10 그들은 Sarah 의견에 동의하지 않아.　　**They don't agree** with Sarah.

단어연결법 챌린지

DAY 03 예전에 했던 일 말하기

Step 1 | 단어연결법 공식 배우기

누가 + 어쨌다 + 무엇을

= 누가 ~했다

나는		봤다		너를		나는 너를 봤어.
I	+	saw	+	you	=	I saw you.

그는		봤다		너를		그는 너를 봤어.
He	+	saw	+	you	=	He saw you.

그녀는		봤다		너를		그녀는 너를 봤어.
She	+	saw	+	you	=	She saw you.

우리는		봤다		너를		우리는 너를 봤어.
We	+	saw	+	you	=	We saw you.

이전에 있었던 일을 말할 때 동사의 과거형을 씁니다. 과거형은 **동사 뒤에 -d 또는 -ed**를 붙여줍니다. 이러한 **규칙 동사** 외에 단어의 모양 자체가 새롭게 바뀌어 과거형을 만드는 **불규칙 동사**도 많이 있어요. 말 그대로 규칙이 없기 때문에 이러한 불규칙 동사는 많이 보고 익혀두어야 합니다. 그리고 현재시제의 경우 3인칭 단수 주어일 때 동사에 -s나 -es를 붙였지만, 과거시제는 주어 상관없이 모두 동일한 과거형을 사용합니다.

🔊 Step 2 | 단어연결법 익히기

오늘 내 친구를 데려왔어요.
우리는 저녁을 먹었어요.

이시원 선생님과
함께 학습해 보세요.

* 영어 문장은 QR 및 230p에서 확인하세요.

👥 Step 3 | 다양한 문장으로 단어연결법 훈련하기

01 나는 네 말을 들었어.   **I heard you**.

02 나 커피 마시고 영화 봤어.   **I had coffee and saw a movie**.

03 네가 **어제** 점심 샀잖아.   **You bought lunch** yesterday.

04 너는 **12시에** 일어났어.   **You got up** at noon.

05 그는 시험에 통과했어.   **He passed the test**.

06 그는 멕시코 음식 먹어봤어.   **He tried Mexican food**.

07 우리는 **영화관에** 갔어.   **We went** to the movie theater.

08 우리는 커피를 주문했어.   **We ordered coffee**.

09 그들은 **카페에서** 만났어.   **They met** at the café.

10 그들은 그 영화 **지난주에** 봤어.   **They saw the movie** last week.

예전에 하지 않았던 일 말하기

Step 1 단어연결법 공식 배우기

누가 + **didn't** + 어쩐다 + 무엇을

= 누가 ~ 안 했다

나는		~하지 않았다		보다		영화를		나는 영화를 안 봤어.
I	+	**didn't**	+	**see**	+	**a movie**	=	**I didn't see a movie.**

너는		~하지 않았다		보다		영화를		너는 영화를 안 봤어.
You	+	**didn't**	+	**see**	+	**a movie**	=	**You didn't see a movie.**

그는		~하지 않았다		보다		영화를		그는 영화를 안 봤어.
He	+	**didn't**	+	**see**	+	**a movie**	=	**He didn't see a movie.**

그들은		~하지 않았다		보다		영화를		그들은 영화를 안 봤어.
They	+	**didn't**	+	**see**	+	**a movie**	=	**They didn't see a movie.**

'누가 + 어쨌다'라는 **과거형 문장을 부정**할 때는 '어쨌다' 앞에 **didn't(= did not)**를 붙이면 돼요. 이때 did가 이미 과거를 나타내기 때문에 didn't 뒤에 오는 **동사는 원래의 형태**로 써줍니다. 현재시제 부정문에서는 주어가 3인칭 단수일 때 don't 대신에 doesn't를 사용했지만, 과거형 문장에서는 **주어의 인칭에 상관없이 모두 didn't**를 써서 부정문을 만들어요.

🔊 Step 2 | 단어연결법 익히기

우리는 아침을 안 먹었어요.
우리는 이걸 안 가져갔어요.

이시원 선생님과
함께 학습해 보세요.

왕초보탈출 1탄

* 영어 문장은 QR 및 230p에서 확인하세요.

🎧 Step 3 | 다양한 문장으로 단어연결법 훈련하기

01 나는 공부를 **열심히** 하지 않았어.　　**I didn't study** hard.

02 나 그를 몰랐어.　　**I didn't know him**.

03 너는 나에게 안 보여줬어.　　**You didn't show me**.

04 너는 **어제** 전화를 안 받았어.　　**You didn't answer the phone** yesterday.

05 그는 우산을 안 가져왔어.　　**He didn't bring an umbrella**.

06 그녀는 **서울에** 살지 않았어.　　**She didn't live** in Seoul.

07 우리는 시간이 없었어.　　**We didn't have time**.

08 우리는 Jim을 안 만났어.　　**We didn't meet Jim**.

09 그들은 도움이 필요 없었어.　　**They didn't need help**.

10 그들은 **미국에서** 차를 빌리지 않았어.　　**They didn't rent a car** in the U.S.

DAY 05

앞으로의 일 말하기

 학습일 ◯ 월 ◯ 일

📝 **Step 1** | **단어연결법 공식 배우기**

누가 + **will** + 어쩐다 + 무엇을

= 누가 ~할 것이다

나는		~할 것이다		두고 가다		짐을		나는 짐을 두고 갈 거야.
I	+	**will**	+	**leave**	+	**luggage**	=	**I will leave luggage.**

너는		~할 것이다		두고 가다		짐을		너는 짐을 두고 갈 거야.
You	+	**will**	+	**leave**	+	**luggage**	=	**You will leave luggage.**

그녀는		~할 것이다		두고 가다		짐을		그녀는 짐을 두고 갈 거야.
She	+	**will**	+	**leave**	+	**luggage**	=	**She will leave luggage.**

우리는		~할 것이다		두고 가다		짐을		우리는 짐을 두고 갈 거야.
We	+	**will**	+	**leave**	+	**luggage**	=	**We will leave luggage.**

미래에 '**~할 것이다**'라고 말할 때는 '**어쩐다**' 앞에 **will**을 붙이면 돼요. will은 주어가 he, she와 같은 3인칭 단수여도 형태 변화 없이 모두 will을 쓰고 뒤에 오는 동사에도 -s, -es가 붙지 않고, **원형**으로 써요.

🔊 Step 2 　단어연결법 익히기

10번 반복

우리 지금 주문할게요.
그는 내 방을 사용할 거예요.

이시원 선생님과
함께 학습해 보세요.

왕초보탈출 1탄

*영어 문장은 QR 및 230p에서 확인하세요.

🔈 Step 3 　다양한 문장으로 단어연결법 훈련하기

10번 반복

01 나는 내 방을 청소할 거야.　　**I will clean my room**.

02 난 비행기 표를 예매할 거야.　　**I will book a plane ticket**.

03 저는 오렌지 주스 마실게요.　　**I will have orange juice**.

04 그는 내일 지하철 타고 출근할 거야.　　**He will take the subway to work** tomorrow.

05 그녀는 내일 점심으로 햄버거를 먹을 거야.　　**She will eat a hamburger** for lunch tomorrow.

06 그녀가 너한테 전화할 거야.　　**She will call** you.

07 저희는 내일 중요한 회의가 있어요.　　**We will have an important meeting** tomorrow.

08 우리는 카페에서 만날 거야.　　**We will meet** at the café.

09 그들은 점심을 같이 먹을 거예요.　　**They will have lunch** together.

10 그들은 곧 뉴욕에 갈 거야.　　**They will go to New York** soon.

단어연결법 챌린지

DAY 06

상대방에게 어떤 행동 지시하기

📋 **Step 1** | **단어연결법 공식 배우기**

어쩐다 + 무엇을

= ~해, ~해 줘

가져가다		이것을		이거 가져가.
Take	+	this	=	Take this.

가져가다		저것을		저거 가져가.
Take	+	that	=	Take that.

가져가다		그것을		그거 가져가.
Take	+	it	=	Take it.

가져가다		그것들을		그것들 가져가.
Take	+	them	=	Take them.

영어의 기본 문장 구조는 '누가 + 어쩐다'라고 배웠습니다. 그러나 평상시에 '~해, ~해 줘'처럼 상대방에게 명령형으로 말하는 경우도 많죠. 이때는 **주어 없이 바로 동사부터** 말하면 돼요. 공손하게 부탁할 때는 앞에 **Could you ~?**를 붙여 물어보거나 문장의 앞이나 뒤에 **please**를 붙이는 게 좋아요.

명령형 앞에 **go**나 **come**을 붙여서 '**가서 ~해**', '**와서 ~해**'라는 표현을 많이 사용해요. 예를 들어 '먹어'라는 뜻의 eat 앞에 go를 붙이면 '가서 먹어'라는 말이 됩니다. 이 표현은 원래 'Go and eat.'으로 말하는 것이 정석이지만 일상회화에서는 and를 생략하여 많이 써요.

Step 2 단어연결법 익히기

지금 가져와.
가서 냅킨 좀 가져다주시겠어요?

이시원 선생님과
함께 학습해 보세요.

* 영어 문장은 QR 및 230p에서 확인하세요.

Step 3 다양한 문장으로 단어연결법 훈련하기

01 저거 가져와.   **Bring that**.

02 그거 끝내.   **Finish that**.

03 창문 좀 열어.   **Open the window**.

04 가서 뭐 좀 먹어.   **Go eat some food**.

05 가서 3호선을 타.   **Go take Line No. 3**.

06 와서 **우리와** 함께 해.   **Come join** us.

07 와서 **나랑** 영화보자.   **Come see a movie** with me.

08 저한테 저 컵 좀 갖다주시겠어요?   **Could you get me that cup**?

09 저희한테 커피 좀 갖다주시겠어요?   **Could you get us some coffee**?

10 저희에게 와 주실 수 있나요?   **Could you come to us**?

DAY 07 앞으로 하지 않을 일 말하기

✅ Step 1 | 단어연결법 공식 배우기

누가 + won't + 어쩐다 + 무엇을

= 누가 ~하지 않을 것이다

나는	~하지 않을 것이다	마시다	커피를	나는 커피를 안 마실 거야.
I	+ won't	+ drink	+ coffee	= I won't drink coffee.

그는	~하지 않을 것이다	마시다	커피를	그는 커피를 안 마실 거야.
He	+ won't	+ drink	+ coffee	= He won't drink coffee.

그녀는	~하지 않을 것이다	마시다	커피를	그녀는 커피를 안 마실 거야.
She	+ won't	+ drink	+ coffee	= She won't drink coffee.

그들은	~하지 않을 것이다	마시다	커피를	그들은 커피를 안 마실 거야.
They	+ won't	+ drink	+ coffee	= They won't drink coffee.

미래에 '~하지 않을 것이다'라고 말할 때는 will 뒤에 not을 붙이면 돼요. 이때, will not은 줄여서 won't 라고 합니다. 주어가 he, she와 같은 3인칭 단수여도 상관없이 모두 won't을 쓰고 뒤에 오는 동사에도 -s, -es가 붙지 않고, 원형으로 써요.

Step 2 단어연결법 익히기

10번
반복

나 안 갈 거야.
나는 저것들을 안 살 거예요.

이시원 선생님과
함께 학습해 보세요.

왕초보탈출 1탄

* 영어 문장은 QR 및 230p에서 확인하세요.

Step 3 다양한 문장으로 단어연결법 훈련하기

10번
반복

01 나 차 안 살 거야.   I won't buy a car.

02 나 아무에게도 말 안 할게.   I won't tell anyone.

03 너는 그걸 못 찾을 거야.   You won't find it.

04 넌 이걸 안 좋아할 거야.   You won't like this.

05 그는 직장을 그만두지 않을 거야.   He won't quit his job.

06 그녀는 그와 다시 얘기 안 할 거야. She won't talk to him again.

05 우리는 파리에서 오래 머무르지
     않을 거야.   We won't stay long in Paris.

08 우리는 야식 안 먹을 거야.   We won't eat a late-night snack.

09 그들은 강남에 가지 않을 거야.   They won't go to Gangnam.

10 그들은 내일 그를 안 만날 거야.   They won't meet him tomorrow.

DAY 08 능력, 허락 말하기

Step 1 | 단어연결법 공식 배우기

누가 + **can** + 어쩐다 + 무엇을

= 누가 ~할 수 있다

나는		~할 수 있다		끝내다		그것을		나는 그것을 끝낼 수 있어.
I	+	can	+	finish	+	it	=	I can finish it.

너는		~할 수 있다		끝내다		그것을		너는 그것을 끝낼 수 있어.
You	+	can	+	finish	+	it	=	You can finish it.

그는		~할 수 있다		끝내다		그것을		그는 그것을 끝낼 수 있어.
He	+	can	+	finish	+	it	=	He can finish it.

우리는		~할 수 있다		끝내다		그것을		우리는 그것을 끝낼 수 있어.
We	+	can	+	finish	+	it	=	We can finish it.

can은 '할 수 있다'라는 능력의 의미와 '해도 된다'라는 허락의 의미를 갖고 있어요. 그래서 '~할 수 있다, ~해도 된다'라고 말할 때는 '어쩐다' 앞에 can을 붙이면 돼요. can은 will과 마찬가지로 주어가 3인칭 단수여도 모두 can을 쓰고, can 뒤에는 항상 동사원형을 씁니다.

'~할 수 없다, ~하면 안 된다'라고 말할 때는 can 뒤에 not을 붙여서 **cannot**이 되고, **can't**로 줄여서 말할 수 있어요. can't도 주어의 인칭에 상관없이 모두 동일하게 쓰입니다.

Step 2 | 단어연결법 익히기

10번 반복

이걸로 하셔도 돼요(이걸로 가져가셔도 돼요).
너는 성공할 수 있어요.

이시원 선생님과
함께 학습해 보세요.

왕초보탈출1탄

* 영어 문장은 QR 및 230p에서 확인하세요.

Step 3 | 다양한 문장으로 단어연결법 훈련하기

10번 반복

01 나 영어 할 수 있어.　　　　　　**I can speak English**.

02 나 네 목소리가 **되게** 잘 안 들려.　**I can't hear you** very well.

03 어떤 색이든 선택해도 돼요.　　　**You can choose any color**.

04 여기서 핸드폰을 사용하시면 안 됩니다.　**You can't use your phone** here.

05 그는 3개 국어를 할 수 있어요.　　**He can speak three languages**.

06 그는 **금요일** 저녁 식사에 못 온대.　**He can't come to dinner** on Friday.

07 우리는 짐을 **호텔**에 맡길 수 있어.　**We can leave our luggage** in the hotel.

08 우리는 **일찍** 떠날 수 없어.　　　**We can't leave** early.

09 그들은 오늘 일찍 **퇴근**할 수 있어요.　**They can leave the office** early today.

10 그들은 매운 음식을 먹을 수 없어.　**They can't eat spicy food**.

DAY 09

and를 사용하여 can 문장 확장하기

 학습일 ◯월 ◯일

📝 Step 1 | 단어연결법 공식 배우기

누가 + can + 어쩐다 + 무엇을 + and + (누가 can) + 어쩐다 + 무엇을

= 누가 ~해서 ~할 수 있다/해도 된다

너는 네 차를 주차할 수 있다		그리고		들어오다		네 차를 주차하고 들어오면 돼.
You can park your car	+	**and**	+	**come in**	=	**You can park your car and come in.**

너는 네 차를 주차할 수 있다		그리고		기다리다		네 차를 주차하고 기다리면 돼.
You can park your car	+	**and**	+	**wait**	=	**You can park your car and wait.**

'~할 수 있다, ~해도 된다'라는 의미의 **can** 문장에 '그리고'를 뜻하는 **and**를 사용하여 문장을 확장하여 말할 수 있어요. 이번 차시에서는 '**너는 ~해서 ~할 수 있다/해도 된다**'라는 뜻을 말해주기 위해 문장 앞에 **You can**을 붙여서 말하는 연습을 해봅니다. 그리고 이때 앞 문장과 중복되는 you can은 and 뒤의 문장에서 생략할 수 있어요.

Step 2 | 단어연결법 익히기

키를 거기에 두고 여기서 돈을 내시면 돼요.
여기 앉아서 커피 드시면 돼요.

이시원 선생님과
함께 학습해 보세요.

왕초보탈출1탄

* 영어 문장은 QR 및 230p에서 확인하세요.

Step 3 | 다양한 문장으로 단어연결법 훈련하기

01 너 일찍 떠나서 거기 가면 돼.
You can leave early **and go there**.

02 너 나를 만나서 말해주면 돼.
You can meet me and tell me.

03 너 음악 들으면서 여기서 공부하면 돼.
You can listen to music and study here.

04 너 저기 앉아서 쉬면 돼.
You can sit there **and relax**.

05 너는 숙제하고 게임을 할 수 있어.
You can do your homework and play a game.

06 강남역에 가서 2호선을 탈 수 있어요.
You can go to Gangnam Station **and take Line No. 2**.

07 너 표 예약하고 그 뮤지컬 볼 수 있어.
You can book a ticket and see the musical.

08 여기서 돈을 내고 기다리시면 돼요.
You can pay money here **and wait**.

09 서울역으로 가서 4호선으로 환승할 수 있어요.
You can go to Seoul Station **and transfer to Line No. 4**.

10 베트남으로 여행 가서 다양한 길거리 음식을 먹을 수 있어요.
You can travel to Vietnam **and eat various street foods**.

DAY 10

알아두면 유용한 단어 have

📋 Step 1 | 단어연결법 공식 배우기

It + has + 무엇을

= ~을 가지고 있다

그것은		가지고 있다		물을		(그것은) 물이 있어.
It	+	has	+	water	=	It has water.

그것은		가지고 있다		얼음을		(그것은) 얼음이 있어.
It	+	has	+	ice	=	It has ice.

그것은		가지고 있다		배터리를		(그것은) 배터리가 있어.
It	+	has	+	a battery	=	It has a battery.

그것은		가지고 있다		단추를		(그것은) 단추가 있어.
It	+	has	+	a button	=	It has a button.

have는 '가지고 있다'라는 뜻이에요. 그래서 have를 활용한 'It has ~'라는 표현을 통해 '~가 있다, ~가 들어 있다'처럼 사물의 특징을 묘사할 수 있어요. '~가 없다, ~가 안 들어 있다'라고 하려면 'It doesn't have ~'라고 합니다. 이미 'It has ~' 표현 안에 '안/위에 ~가 들어 있다/있다'라는 의미를 가지고 있지만, 문장 마지막에 in it(이 안에), on it(이 위에)의 표현을 덧붙여주면 조금 더 구체적으로 '~안에, ~위에'라는 뜻을 나타낼 수 있어요.

Step 2 | 단어연결법 익히기

10번
반복

이 안에 치즈 엄청 들어가 있어.
이 안에 물 들어 있어요.

이시원 선생님과
함께 학습해 보세요.

* 영어 문장은 QR 및 230p에서 확인하세요.

Step 3 | 다양한 문장으로 단어연결법 훈련하기

10번
반복

01 차가운 물이 들어 있어.　　　　　**It has cold water**.

02 이 안에 계핏가루가 들어 있어요.　　**It has cinnamon powder** in it.

03 이 안에 소금이 많이 들어 있어.　　**It has a lot of salt** in it.

04 이 위에 얼룩이 묻어 있어요.　　　**It has a stain** on it.

05 이 위에 아이스크림이 묻어 있어요.　**It has ice cream** on it.

06 신선한 야채가 안 들어 있어.　　　**It doesn't have fresh vegetables**.

07 이 안에 초콜릿이 안 들어 있어.　　**It doesn't have chocolate** in it.

08 이 안에 양파가 안 들어 있어요.　　**It doesn't have onion** in it.

09 이 위에 로고가 없어요.　　　　　**It doesn't have a logo** on it.

10 이 위에 긁힌 자국이 없어요.　　　**It doesn't have a scratch** on it.

DAY 11 알아두면 유용한 단어 have 복습

📝 Step 1 │ 단어연결법 공식 배우기

누가 + **have** + **무엇을**

= 누가 무엇을 가지고 있다

이 컵은		가지고 있다		물을		이 컵에 물이 있어.
This cup	+	has	+	water	=	This cup has water.

이 컵은		가지고 있다		얼음을		이 컵에 얼음이 있어.
This cup	+	has	+	ice	=	This cup has ice.

이 컵은		가지고 있다		주스를		이 컵에 주스가 있어.
This cup	+	has	+	juice	=	This cup has juice.

이 컵은		가지고 있다		콜라를		이 컵에 콜라가 있어.
This cup	+	has	+	coke	=	This cup has coke.

have를 활용해서 '~가 있다, ~가 들어 있다'처럼 사물의 특징을 묘사할 수 있다고 배웠습니다. 지난 시간에는 주어 it을 가지고 말하는 연습을 했다면, 이번에는 it 대신에 '이 컵, 이 아파트, 이 건물' 등 다양한 주어를 활용하여 연습해 봅니다.

'~가 있었다, ~가 들어 있었다'라고 말하려면 have의 과거형 **had**를 활용해요. 그래서 '**It had ~**'로 말힐 수 있고, 반대로 '~가 없었다, ~가 안 들어 있었다'는 '**It didn't have ~**'를 사용합니다.

Step 2 단어연결법 익히기

10번 반복

이 방 안에는 침대가 두 개 있어요.
여기에 네 이름이 쓰여 있었어.

이시원 선생님과
함께 학습해 보세요.

왕초보탈출 1탄

* 영어 문장은 QR 및 231p에서 확인하세요.

Step 3 다양한 문장으로 단어연결법 훈련하기

10번 반복

01 이 샐러드에는 신선한 야채가 들어 있어요. **This salad has fresh vegetables**.

02 이 가방 **위에는** 지퍼가 달려 있어요. **This bag has a zipper** on it.

03 제 지갑 **안에** 동전이 많이 있어요. **My purse has a lot of coins** in it.

04 이 빵 **안에** 설탕이 안 들어 있어. **This bread doesn't have sugar** in it.

05 이 음식 **안에는** 고수가 안 들어 있어요. **This food doesn't have coriander** in it.

06 이 빵 **위에** 땅콩버터가 발라져 있지 않아요. **This bread doesn't have peanut butter** on it.

07 이 거리에는 다양한 종류의 식당이 있었어요. **This street had various kinds of restaurants**.

08 이 컵 **안에** 커피가 있었어요. **This cup had coffee** in it.

09 이 공원에는 꽃이 많이 없었어요. **This park didn't have a lot of flowers**.

10 이 집에는 마당이 없었어요. **This house didn't have a yard**.

단어연결법 챌린지

DAY 12

if로 문장 길게 만들기

Step 1 | 단어연결법 공식 배우기

If + 누가 + 어쩐다 + 무엇을 + 누가 + 어쩐다 + 무엇을

= 누가 ~하면, 누가 무엇을 한다

~하면	네가 시간을 가지고 있다	너는 그를 만날 수 있다	네가 시간이 있다면 그를 만날 수 있어.
If +	**you have time** +	**you can meet him** =	**If you have time, you can meet him.**

~하면	네가 시간을 가지고 있다	너는 거기에 갈 수 있다	네가 시간이 있다면 거기에 갈 수 있어.
If +	**you have time** +	**you can go there** =	**If you have time, you can go there.**

~하면	네가 시간을 가지고 있다	너는 공부할 수 있다	네가 시간이 있다면 공부할 수 있어.
If +	**you have time** +	**you can study** =	**If you have time, you can study.**

일어나지 않은 어떤 상황을 가정할 때 '(만약) ~하면'이라는 뜻의 if를 써서 나타낼 수 있어요. 이때 if는 '누가 + 어쩐다' 앞에 붙여서 '누가 ~하면'을 표현할 수 있고, 조금 더 길게 말하려면 뒤에 '누가 + 어쩐다 + 무엇을'이라는 의미의 문장을 더 연결하여 표현할 수 있어요.

Step 2 | 단어연결법 익히기

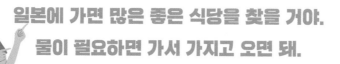

일본에 가면 많은 좋은 식당을 찾을 거야.
물이 필요하면 가서 가지고 오면 돼.

이시원 선생님과
함께 학습해 보세요.

* 영어 문장은 QR 및 231p에서 확인하세요.

Step 3 | 다양한 문장으로 단어연결법 훈련하기

01 나 약 먹으면 나아질 거야.

If I take medicine, I will get better.

02 네가 떠나면 나도 너랑 갈 거야.

If you leave, I will go with you.

03 네가 나를 도와주면 내가 점심 살게.

If you help me, I will buy lunch for you.

04 우리가 그녀에게 얘기하면 우리를 도와줄 거야.

If we talk to her, she will help us.

05 내가 늦게 일어나면 너 먼저 가도 돼.

If I get up late, **you can go** first.

06 너 이거 좋아하면 가져도 돼.

If you like this, you can have this.

07 너 공부 열심히 하면 A+ 받을 수 있어.

If you study hard, **you can get an A+**.

08 우리 택시를 타면 제시간에 도착할 수 있어.

If we take a taxi, we can arrive on time.

09 네가 사실을 알면 나에게 말해줘.

If you know the truth, please tell me.

10 우리가 역에 도착하면 나와.

If we arrive at the station, **come out**.

DAY 13
조언, 의무 말하기

 Step 1 단어연결법 공식 배우기

누가	+	should/must	+	어쩐다	+	무엇을

= 누가 ~해야 한다

너는		~해야 한다		먹다		아침을	너는 아침을 먹어야 해.
You	+	should	+	have	+	breakfast	= You should have breakfast.

그녀는		~해야 한다		먹다		아침을	그녀는 아침을 먹어야 해.
She	+	should	+	have	+	breakfast	= She should have breakfast.

우리는		~해야 한다		가져오다		신분증을	우리는 신분증을 가져와야 해.
We	+	must	+	bring	+	our ID	= We must bring our ID.

그는		~해야 한다		가져오다		신분증을	그는 신분증을 가져와야 해.
He	+	must	+	bring	+	his ID	= He must bring his ID.

조언과 의무를 말할 때 '~해야 한다'라는 뜻의 should와 must를 써서 나타냅니다. 둘 다 '~해야 한다'라는 뜻이지만 should는 조언이나 충고를, must는 should보다 더 강한 의무를 나타내요. 그리고 should/must 뒤에는 항상 동사원형을 씁니다.

'~하면 안 된다'는 should/must 뒤에 not을 써주면 됩니다. should not은 **shouldn't**로 줄여 쓰고, mustn't는 must not의 줄임말이지만 거의 쓰지 않고, **must not**으로 써요.

🔊 Step 2 | 단어연결법 익히기

10번 반복

**녀는 이것을 떼어내야만 해.
넌 지금 떠나야 해.**

이시원 선생님과
함께 학습해 보세요.

왕초보탈출1탄

* 영어 문장은 QR 및 231p에서 확인하세요.

👥 Step 3 | 다양한 문장으로 단어연결법 훈련하기

10번 반복

01 나 오늘 집에 일찍 가야 해요.
I should go home early today.

02 너 그한테 사과해야 해.
You should apologize to him.

03 우리는 제시간에 프로젝트를 끝내야 해.
We should finish the project on time.

04 너 그걸 잊어버리면 안 돼.
You shouldn't forget that.

05 너는 아침 식사를 거르면 안 돼.
You shouldn't skip breakfast.

06 안전벨트를 착용해야 합니다.
You must wear a seatbelt.

07 너 이 규칙을 꼭 지켜야 해.
You must follow this rule.

08 방문자는 신분증을 보여줘야 합니다.
Visitors must show ID.

09 이 구역에서는 담배를 피우면 안 됩니다.
You must not smoke in this area.

10 박물관 안에서 사진을 찍으면 안 됩니다.
You must not take a picture inside the museum.

단어연결법 챌린지

DAY 14
쉬어가기- 인칭대명사 집중 훈련

Step 1 | 단어연결법 공식 배우기

누가(주격) + 어쩐다 + 무엇을(목적격)

= 누가 무엇을 한다

나는		사랑한다		너를		나는 너를 사랑한다.
I	+	love	+	you	=	I love you.

너는		사랑한다		그를		너는 그를 사랑한다.
You	+	love	+	him	=	You love him.

그녀는		사랑한다		나를		그녀는 나를 사랑한다.
She	+	loves	+	me	=	She loves me.

우리는		사랑한다		그들을		우리는 그들을 사랑한다.
We	+	love	+	them	=	We love them.

우리는 지금까지 다양한 문장을 연습하면서 자연스럽게 인칭대명사에 대해 익혔습니다. **인칭 그리고 문장에서의 역할에 따라 알맞게 사용해야 하는 형태를 꼭 기억해 두세요.**

	~는/~가	~를/~에게	~의
1인칭 단수	I	me	my
1인칭 복수	We	us	our
2인칭(단/복수)	You	you	your
3인칭 단수	She	her	her
3인칭 단수	He	him	his
3인칭 복수	They	them	their

🔊 Step 2 | 단어연결법 익히기

나는 그녀에게 아침을 만들어 줍니다.
저는 포크를 달라고 했는데,
저희에게 칼을 가져다주셨어요.

이시원 선생님과
함께 학습해 보세요.

왕초보탈출 1탄

* 영어 문장은 QR 및 231p에서 확인하세요.

👥 Step 3 | 다양한 문장으로 단어연결법 훈련하기

01 나는 그를 따라갔어.　　　　I followed **him**.

02 난 그녀를 그리워할 거야.　　I will miss **her**.

03 년 우리를 데려가야 돼.　　　**You** should take **us**.

04 넌 내 말을 안 들어.　　　　**You** don't listen to **me**.

05 그는 그의 가방을 잃어버렸어.　**He** lost **his** bag.

06 그녀는 그들한테 말했어.　　**She** told **them**.

07 우리는 그녀의 전화번호를 몰라.　**We** don't know **her** phone number.

08 우리는 그들의 집에 갈 거야.　**We** will go to **their** house.

09 그들이 너를 데리러 갈 거야.　**They** will pick **you** up.

10 저한테 그걸 주실 수 있나요?　Could **you** give **me** that?

단어연결법 챌린지

DAY 15

쉬어가기 - 요일 말하기

 Step 1 | **단어연결법 공식 배우기**

누가 + 어쩐다 + 무엇을 + **on/last/this/next/every 요일**

= **누가 어떤 요일에 무엇을 한다**

나는	만날 것이다	그를	금요일에	나는 그를 금요일에 만날 거야.
I	+ will meet	+ him	+ on Friday	= I will meet him on Friday.

나는	만났다	그를	지난주 금요일에	나는 그를 지난주 금요일에 만났어.
I	+ met	+ him	+ last Friday	= I met him last Friday.

나는	만날 것이다	그를	이번 주 금요일에	나는 그를 이번 주 금요일에 만날 거야.
I	+ will meet	+ him	+ this Friday	= I will meet him this Friday.

나는	만날 것이다	그를	다음 주 금요일에	나는 그를 다음 주 금요일에 만날 거야.
I	+ will meet	+ him	+ next Friday	= I will meet him next Friday.

나는	만난다	그를	매주 금요일에	나는 그를 매주 금요일에 만나.
I	+ meet	+ him	+ every Friday	= I meet him every Friday.

과거/현재/미래 시제에 상관없이 어떤 요일에 무엇을 했고/하고/할 것인지를 말하며 구체적으로 정보를
전달할 수 있어요. 이러한 요일은 on과 함께 써서 '~요일에'를 나타냅니다.

요일 앞에 on 대신 **last**를 붙이면 '지난주', **this**를 붙이면 '이번 주', **next**를 붙이면 '다음 주'를 나타내
요. 그리고 요일 앞에 **every**를 붙이면 '매주 ~요일에'라는 뜻이에요. 이러한 요일은 문장의 맨 앞이나 맨
뒤에 모두 올 수 있습니다.

🔊 Step 2 | 단어연결법 익히기

10번 반복 □□□□□ □□□□□

지난주 월요일에 난 부산에 갔어요.
나는 다음 주 일요일에 집에 갈 거예요.

이시원 선생님과
함께 학습해 보세요.

* 영어 문장은 QR 및 231p에서 확인하세요.

🎮 Step 3 | 다양한 문장으로 단어연결법 훈련하기

10번 반복 □□□□□ □□□□□

01 난 월요일에 일찍 떠날 거야.　　I will leave early **on Monday**.

02 난 이번 주 일요일에 출근할 거야.　　I will go to work **this Sunday**.

03 그는 금요일 저녁에 친구들을 만날 거야.　　He will meet friends **on Friday evening**.

04 그는 다음 주 수요일에 그들을 만날 거야.　　He will meet them **next Wednesday**.

05 그녀는 지난주 화요일에 그에게 얘기 했어.　　She talked to him **last Tuesday**.

06 우리는 이번 주 일요일에 시험 공부해야 해.　　We should study for the test **this Sunday.**

07 우리는 지난주 토요일에 축구했어.　　We played soccer **last Saturday**.

08 우리는 다음 주 목요일에 이걸 팔 거야.　　We will sell this **next Thursday**.

09 그들은 매주 수요일에 집에 일찍 가.　　They go home early **every Wednesday**.

10 그들은 매주 금요일에 요리 수업을 들으러 가.　　They go to cooking class **every Friday**.

DAY 16

be동사로 현재 상태 말하기 (1)

Step 1 | 단어연결법 공식 배우기

누가 + be + 형용사

= 누가 ~이다/~다

나는		~다		바쁜		나는 바쁘다.
I	+	am	+	busy	=	I am busy.

너는		~다		바쁜		너는 바쁘다.
You	+	are	+	busy	=	You are busy.

그는		~다		바쁜		그는 바쁘다.
He	+	is	+	busy	=	He is busy.

우리는		~다		바쁜		우리는 바쁘다.
We	+	are	+	busy	=	We are busy.

'나 배고파.'를 말할 때, I hungry라고 말한 적 있지 않나요?

hungry는 '배고픈'이라는 형용사이기 때문에, 앞에 '~다, ~이다'를 뜻하는 be동사를 붙여줘야 '배고프다 (be hungry)'라는 의미가 됩니다. 이렇게 be동사를 활용해서 나의 현재 상태를 나타낼 수 있어요. be동사는 주어에 따라 am/are/is로 바꾸어 써야 합니다.

· I (나) → am
· You (너/너희), We (우리), They (그들) → are
· He (그), She (그녀), It (그것), This (이것), That (저것) → is

Step 2 | 단어연결법 익히기

재미있다!
나는 슬퍼.

이시원 선생님과
함께 학습해 보세요.

＊영어 문장은 QR 및 231p에서 확인하세요.

Step 3 | 다양한 문장으로 단어연결법 훈련하기

01 나는 키가 작아.　　　　　　　**I am short**.

02 나는 활동적이야.　　　　　　　**I am active**.

03 나 요새 회사 일로 바빠.　　　　**I am busy** with work these days.

04 너는 정직해.　　　　　　　　　**You are honest**.

05 너는 친절해.　　　　　　　　　**You are kind**.

06 그녀는 사교적이야.　　　　　　**She is sociable**.

07 내 방 깨끗해.　　　　　　　　　**My room is clean**.

08 그 영화는 지루해.　　　　　　　**The movie is boring**.

09 우리는 지금 행복해.　　　　　　**We are happy** now.

10 그들은 까다로워.　　　　　　　**They are picky**.

DAY 17

be동사로 현재 상태 말하기 (2)

📝 Step 1 │ 단어연결법 공식 배우기

누가 + **be not** + **형용사**

= 누가 ~아니다/~하지 않다

나는		~아니다		괜찮은		나 안 괜찮아.
I	+	am not	+	okay	=	I am not okay.

너는		~아니다		괜찮은		너는 안 괜찮아.
You	+	are not	+	okay	=	You are not okay.

그는		~아니다		괜찮은		그는 안 괜찮아.
He	+	is not	+	okay	=	He is not okay.

우리는		~아니다		괜찮은		우리는 안 괜찮아.
We	+	are not	+	okay	=	We are not okay.

'누가 + be + 형용사' 문장을 부정할 때는 **be동사 뒤에 not**을 붙이면 돼요. 그래서 '**~아니다, ~하지 않다**'
라는 뜻이 됩니다. 이때 be동사는 주어에 따라 am/are/is로 바꿔 써주면 되고, are not과 is not은 각각
aren't와 **isn't**로 줄여 쓸 수 있어요. 다만 **am not**은 줄여 쓸 수 없어요.

Step 2 단어연결법 익히기

10번 반복

이 영화는 지루하지 않아.
너는 중요하지가 않아.

이시원 선생님과
함께 학습해 보세요.

＊ 영어 문장은 QR 및 231p에서 확인하세요.

Step 3 다양한 문장으로 단어연결법 훈련하기

10번 반복

01 나 안 피곤해.

I am not tired.

02 난 준비 안 됐어.

I am not ready.

03 전 당신의 제안에 관심이 없어요.

I am not interested in your proposal.

04 너 키 안 작아.

You are not short.

05 그는 지금 안 어지럽대.

He is not dizzy now.

06 그 집은 그렇게 안 비싸.

The house is not that **expensive**.

07 오늘 날씨가 좋지 않아요.

The weather is not good today.

08 우리는 신나지 않아.

We are not excited.

09 우리는 학교에 늦지 않았어.

We are not late for school.

10 그들은 서비스에 만족하지 않아요.

They are not satisfied with the service.

단어연결법 챌린지

DAY 18

be동사로 현재 상태 말하기 (3)

📝 Step 1 | 단어연결법 공식 배우기

누가 + be + 명사

= 누가 ~이다/~다

나는		~이다		선생님		나는 선생님이다.
I	+	**am**	+	**a teacher**	=	**I am a teacher.**

너는		~이다		선생님		너는 선생님이다.
You	+	**are**	+	**a teacher**	=	**You are a teacher.**

그녀는		~이다		선생님		그녀는 선생님이다.
She	+	**is**	+	**a teacher**	=	**She is a teacher.**

그들은		~이다		선생님들		그들은 선생님이다.
They	+	**are**	+	**teachers**	=	**They are teachers.**

be동사 뒤에는 형용사 외에 **명사**도 쓰일 수 있어서 '**~이다, ~다**'라는 뜻이 됩니다. 명사가 올 때도 마찬가지로 be동사는 주어에 따라 am/are/is로 바꿔주고, 부정문은 be동사 뒤에 not을 붙입니다.

🔊 Step 2 단어연결법 익히기

10번 반복

이것은 내 여권이다.
내 커피가 아니에요.

이시원 선생님과
함께 학습해 보세요.

왕초보탈출1탄

* 영어 문장은 QR 및 231p에서 확인하세요.

🎮 Step 3 다양한 문장으로 단어연결법 훈련하기

10번 반복

01 전 32살이에요. **I am 32 years old**.

02 저는 한국인이에요. **I am Korean**.

03 제 친구는 변호사예요. **My friend is a lawyer**.

04 이게 제 전화번호에요. **This is my phone number**.

05 이건 우리 엄마를 위한 와인이에요. **This is wine** for my mom.

06 지금은 오후 2시30분이에요. **It is 2:30 p.m.** now.

07 제 차례가 아니에요. **It is not my turn**.

08 우리는 중국 출신이 아니에요. **We are not from China**.

09 그들은 친한 친구 사이는 아니에요. **They are not close friends**.

10 Mark와 Jake는 좋은 동료들이에요. **Mark and Jake are good colleagues**.

단어연결법 챌린지

DAY 19

be동사로 위치 말하기

📋 **Step 1** | **단어연결법 공식 배우기**

누가 + be + 장소/위치

= 누가 ~에 있다

나는		~에 있다		미국에		나는 미국에 있어.
I	+	**am**	+	**in the U.S.**	=	**I am in the U.S.**

너는		~에 있다		미국에		너는 미국에 있어.
You	+	**are**	+	**in the U.S.**	=	**You are in the U.S.**

그는		~에 있다		미국에		그는 미국에 있어.
He	+	**is**	+	**in the U.S.**	=	**He is in the U.S.**

우리는		~에 있다		미국에		우리는 미국에 있어.
We	+	**are**	+	**in the U.S.**	=	**We are in the U.S.**

'~에 있다'라는 뜻으로 **장소나 위치를 나타낼 때도 be동사**를 써요. be동사 뒤에 장소를 나타내는 전치사를 보통 함께 쓰는데, 대표적인 in, at 외에도 의미에 따라 다양하게 쓰일 수 있습니다. (예. next to ~바로 옆에, far from ~에서 멀리 등) '~에 있지 않다'라고 말할 때는 **be동사 뒤에 not**을 붙이면 돼요.

Step 2   단어연결법 익히기

10번 반복

나 여기 있어요.
우리 집은 서울에서 멀어요.

이시원 선생님과
함께 학습해 보세요.

왕초보탈출 1탄

* 영어 문장은 QR 및 231p에서 확인하세요.

Step 3   다양한 문장으로 단어연결법 훈련하기

10번 반복

01 나 거의 다 왔어.   **I am** almost **there**.

02 나 지금 사무실에 없어.   **I am not in my office** now.

03 그 식당은 공원 옆에 있어요.   **The restaurant is next to the park**.

04 회의는 콘퍼런스 룸에서 있어요.   **The meeting is in the conference room**.

05 네 노트북 책상 위에 없어.   **Your laptop is not on the desk**.

06 네 핸드폰 여기 없어.   **Your phone is not here**.

07 제 아이들은 지금 학교에 있어요.   **My kids are at school** now.

08 우리 공항에 있어.   **We are at the airport**.

09 그들은 강남에서 멀리 있지 않아요.   **They are not far from Gangnam**.

10 네 바지 박스 안에 있어.   **Your pants are in the box**.

단어연결법 챌린지

DAY 20

be동사로 질문하기

Step 1 | **단어연결법 공식 배우기**

Am/Are/Is + **누가** + **형용사/명사/장소?**

= 누가 ~이니/~에 있어?

~이니	그녀는	예쁜	그녀는 예뻐?
Is +	**she** +	**pretty**	= **Is she pretty?**

~이니	너는	학생	너는 학생이야?
Are +	**you** +	**a student**	= **Are you a student?**

~에 있니	그들은	여기에	그들은 여기에 있어?
Are +	**they** +	**here**	= **Are they here?**

be동사 문장을 의문문으로 만들 때는 **주어와 be동사의 위치만 바꾸면 돼요**. 즉, be동사를 문장 맨 앞으로 꺼내 쓴다고 생각하면 됩니다. 의문문에서도 마찬가지로 주어의 인칭에 따라 be동사가 변함에 유의하세요.

Step 2 단어연결법 익히기

10번 반복

덥나요?
네 거야?

이시원 선생님과
함께 학습해 보세요.

왕초보탈출 1탄

* 영어 문장은 QR 및 231p에서 확인하세요.

Step 3 다양한 문장으로 단어연결법 훈련하기

10번 반복

01 너 요새 바빠?   **Are you busy** these days?

02 너 부산에 있어?   **Are you in Busan**?

03 너희 이번 주에 제주에 있어?   **Are you in Jeju** this week?

04 오늘 바람 불어?   **Is it windy** today?

05 밖에 추워?   **Is it cold** outside?

06 그거 내 거야?   **Is it mine**?

07 너희 언니 결혼했어?   **Is your sister married**?

08 네 사무실 버스 정류장 옆이야?   **Is your office by the bus stop**?

09 David와 Eric은 미국인이야?   **Are David and Eric American**?

10 그들은 네 친구들이야?   **Are they your friends**?

단어연결법 챌린지

DAY 21

일반동사로 질문하기

🎯 학습일 ◯ 월 ◯ 일

📝 Step 1 | 단어연결법 공식 배우기

Do/Does + **누가** + **어쩐다** + **무엇을?**

= 누가 ~하니?

~하니	너는	좋아하다	커피를	너는 커피를 좋아해?
Do +	**you** +	**like** +	**coffee** =	**Do you like coffee?**

~하니	그는	좋아하다	커피를	그는 커피를 좋아해?
Does +	**he** +	**like** +	**coffee** =	**Does he like coffee?**

~하니	그녀는	좋아하다	커피를	그녀는 커피를 좋아해?
Does +	**she** +	**like** +	**coffee** =	**Does she like coffee?**

~하니	그들은	좋아하다	커피를	그들은 커피를 좋아해?
Do +	**they** +	**like** +	**coffee** =	**Do they like coffee?**

go(가다), eat(먹다)과 같은 동사를 일반동사라고 합니다. 일반동사가 쓰인 문장을 의문문으로 만들 때, 문장 앞에 주어의 인칭에 따라 Do나 Does를 붙여줍니다. Does를 써서 질문할 때, 뒤에 오는 동사는 반드시 원형을 사용해야 함을 유의하세요.

Step 2 | **단어연결법 익히기**

10번 반복

너는 매일 일해?
그는 내일 시간 있어?

이시원 선생님과
함께 학습해 보세요.

왕초보탈출 1탄

* 영어 문장은 QR 및 231p에서 확인하세요.

Step 3 | **다양한 문장으로 단어연결법 훈련하기**

10번 반복

01 너 지하철 타고 학교 가?

Do you go to school by subway?

02 너 부모님과 함께 살아?

Do you live with your parents?

03 너 Julie 전화번호 알아?

Do you know Julie's phone number?

04 그녀는 여기 자주 와?

Does she come here often?

05 그는 여가 시간에 테니스 쳐?

Does he play tennis in his free time?

06 그는 규칙적으로 운동해?

Does he work out regularly?

07 너희 여기에서 가까운 곳에 살아?

Do you live near here?

08 너희 아침에 커피 마셔?

Do you drink coffee in the morning?

09 그들은 케이팝 음악 좋아해?

Do they like K-pop music?

10 그들은 자주 외식해?

Do they eat out often?

단어연결법 챌린지

DAY 22

학습일 ◯월 ◯일

be동사로 과거 상태 말하기

 Step 1 | 단어연결법 공식 배우기

누가 + was/were + 형용사/명사/장소

= 누가 ~이었다/~에 있었다

나는		~였다		바쁜		나는 바빴어.
I	+	**was**	+	**busy**	=	**I was busy.**

그들은		~였다		선생님들		그들은 선생님이었어.
They	+	**were**	+	**teachers**	=	**They were teachers.**

내 컵은		~에 있었다		여기에		내 컵은 여기에 있었어.
My cup	+	**was**	+	**here**	=	**My cup was here.**

앞서 'be동사 + 형용사/명사/장소'를 활용하여 '~이다, ~에 있다'를 말하는 방법을 배웠습니다. 이를 과거형으로 바꾸어 **'~이었다, ~에 있었다'**라고 말하려면 **be동사의 과거형 was, were**를 쓰면 됩니다.

· 주어가 'I, He, She, It, This' 등 단수일 경우 → was
· 주어가 'You, We, They' 등 복수일 경우 → were

부정문을 만들 때는 was, were 뒤에 not을 붙이고, 각각 wasn't, weren't로 줄여서 쓸 수 있어요.

Step 2 │ 단어연결법 익히기

10번 반복 ☑☐☐☐☐ ☐☐☐☐☐

내 컵이 여기 있었어.
나 아니었어.

이시원 선생님과
함께 학습해 보세요.

왕초보탈출 1탄

* 영어 문장은 QR 및 232p에서 확인하세요.

Step 3 │ 다양한 문장으로 단어연결법 훈련하기

10번 반복 ☑☐☐☐☐ ☐☐☐☐☐

01 저는 그 소식에 놀랐어요.
I was surprised by the news.

02 나는 화 안 났어.
I was not angry.

03 작년에 엄청 더웠어요.
It was very **hot** last year.

04 오늘 아침에 차가 너무 막혔어.
The traffic was terrible this morning.

05 그는 작년 여름에 싱가포르에 있었어.
He was in Singapore last summer.

06 내 핸드폰 거기에 있었어.
My cell phone was there.

07 그 호텔은 매우 비싸지 않았어.
The hotel was not very **expensive**.

08 우리는 그때 학생이었어.
We were students then.

09 우리는 어제 서울에 있지 않았어.
We were not in Seoul yesterday.

10 그가 늦었기 때문에 그들은 화가 났었어.
They were angry because **he was late**.

단어연결법 챌린지

DAY 23

과거의 일 질문하기

📋 **Step 1** | **단어연결법 공식 배우기**

Did + **누가** + **어쩐다** + **무엇을?** = 누가 ~했어?

Was/Were + **누가** + **형용사/명사/장소?** = 누가 ~이었어/~에 있었어?

~했어	너는	가지고 있다	시간을	너는 시간 있었어?
Did +	**you** +	**have** +	**time** =	Did you have time?

~했어	그는	가지고 있다	시간을	그는 시간 있었어?
Did +	**he** +	**have** +	**time** =	Did he have time?

~였니	그녀는	바쁜	그녀는 바빴어?
Was +	**she** +	**busy** =	Was she busy?

~였니	그들은	바쁜	그들은 바빴어?
Were +	**they** +	**busy** =	Were they busy?

과거의 일을 물어볼 때는 어떤 동사가 쓰였는지에 따라 의문문의 형태가 달라지기 때문에 be동사와 일반동사를 잘 구분해야 합니다.

일반동사가 쓰인 문장이라면 현재시제 의문문의 Do/Does를 **Did**로 바꿔주면 돼요. 과거시제 의문문은 현재시제처럼 주어에 따라 Do나 Does로 구분할 필요 없이 Did를 쓰면 됩니다. Did로 과거를 나타냈기 때문에 뒤에 오는 동사는 원형이 됨을 유의하세요.

Be동사 의문문이라면 현재시제 의문문의 am/are/is를 주어에 맞게 **was/were**로 바꿔서 질문합니다.

📱🔊 Step 2 | 단어연결법 익히기

10번 반복 □□□□□ □□□□□

너 거기에 있었어?
너 커피 마셨어?

이시원 선생님과
함께 학습해 보세요.

왕초보탈출 1탄

* 영어 문장은 QR 및 232p에서 확인하세요.

🎧 Step 3 | 다양한 문장으로 단어연결법 훈련하기

10번 반복 □□□□□ □□□□□

01 너 어제 그를 만났어?　　　　　**Did you meet him** yesterday?

02 너 늦게 일어났어?　　　　　　**Did you get up** late?

03 너 어제 나한테 전화했었어?　　**Did you call** me yesterday?

04 그녀는 너랑 같이 점심 먹었어?　**Did she have lunch** with you?

05 그들은 명동에서 쇼핑했어?　　**Did they go shopping** in Myeong-dong?

06 그 시험 어려웠어?　　　　　　**Was the test difficult**?

07 당신은 그 호텔 서비스에 만족하셨나요?　**Were you satisfied** with the hotel service?

08 날씨 좋았어요?　　　　　　　**Was the weather nice**?

09 Jim과 Kate는 직장에 있었어?　**Were Jim and Kate at work**?

10 그들은 **어제** 영화관에 있었어?　**Were they in the movie theater** yesterday?

DAY 24 일반동사와 be동사 과거시제 완벽히 하기

📝 **Step 1** | 단어연결법 공식 배우기

누가 + 어쨌다 + 무엇을 = 누가 ~했다

누가 + was/were + 형용사/명사/장소 = 누가 ~이었다/~에 있었다

그는		가지고 있었다		시간을	그는 시간이 있었어.
He	+	had	+	time	= He had time.

그는		가지고 있지 않았다		시간을	그는 시간이 없었어.
He	+	didn't have	+	time	= He didn't have time.

그는		~였다		바쁜	그는 바빴어.
He	+	was	+	busy	= He was busy.

그는		~아니었다		바쁜	그는 바쁘지 않았어.
He	+	was not	+	busy	= He was not busy.

지난 차시까지 과거의 일에 대해 말하는 법을 배웠습니다. 어떤 동사가 사용되었는지에 따라 과거시제 문장의 형태가 달라지기 때문에 be동사와 일반동사를 잘 구분해야 합니다. **be동사는 주어에 따라 was, were / was not, were not**으로 나타내면 되지만, **일반동사는 불규칙 동사도 있으니 다양한 예문을 통해 동사의 과거형을 익히면 좋습니다.** 그리고 일반동사가 쓰인 문장의 부정문에서 didn't 뒤에는 동사 원형을 써야 함을 꼭 기억하세요.

Step 2 | 단어연결법 익히기

10번 반복

그는 나를 보지 않았어요.
너는 배고프지 않았어.

이시원 선생님과
함께 학습해 보세요.

왕초보탈출 1탄

* 영어 문장은 QR 및 232p에서 확인하세요.

Step 3 | 다양한 문장으로 단어연결법 훈련하기

10번 반복

01 나 어젯밤에 늦게 잤어.　　　　　　**I went to bed** late last night.

02 그는 우산을 안 가져왔어.　　　　　**He didn't bring an umbrella**.

03 새로 생긴 프렌치 레스토랑 맛있었어.　**The** new **French restaurant was good**.

04 지난겨울은 춥지 않았어요.　　　　　**It was not cold** last winter.

05 그들은 오늘 늦지 않았어.　　　　　　**They were not late** today.

06 나 아침을 안 먹었기 때문에 배가 고팠어.　**I was hungry** because **I didn't have breakfast**.

07 나 그 케이크 먹어봤는데 별로였어.　**I tried that cake** and **it was not good**.

08 그녀는 피곤했지만, 졸리지는 않았어.　**She was tired**, but **she was not sleepy**.

09 우리는 주말에 출근해서 피곤했어.　**We went to work** on a weekend, so **we were tired**.

10 우리는 작년 여름에 부산에 가서 즐거운 시간을 보냈어.　**We went to Busan** last summer and **had a great time**.

단어연결법 챌린지

DAY 25

be동사로 미래의 상태 말하기

📝 **Step 1** | **단어연결법 공식 배우기**

누가 + **will** + **be** + **형용사/명사/장소**

= 누가 ~일 것이다/~될 것이다/~에 있을 것이다

나는		~일 것이다		바쁘다		나는 바쁠 거야.
I	+	**will**	+	**be busy**	=	**I will be busy.**

그는		~될 것이다		선생님이다		그는 선생님이 될 거야.
He	+	**will**	+	**be a teacher**	=	**He will be a teacher.**

우리는		~에 있을 것이다		여기에 있다		우리는 여기에 있을 거야.
We	+	**will**	+	**be here**	=	**We will be here.**

'~일 것이다, ~가 될 것이다, ~에 있을 것이다' 등 **be동사의 미래형**을 나타낼 때는 **be** 앞에 **will**을 붙여서 말해요. will 뒤에는 동사원형이 오기 때문에 be동사가 오면 am/are/is가 아닌 원형 be로 써야 합니다. 부정문은 will not be 또는 줄여서 won't be의 형태로 써요.

Step 2 단어연결법 익히기

10번 반복

나는 서울에 토요일과 일요일에 있을 거야.
나는 준비될 거야.

이시원 선생님과
함께 학습해 보세요.

왕초보탈출 1탄

* 영어 문장은 QR 및 232p에서 확인하세요.

Step 3 다양한 문장으로 단어연결법 훈련하기

10번 반복

01 내가 네 옆에 있을게.   **I will be by your side**.

02 모든 일이 다 괜찮아질 거야.   **Everything will be okay**.

03 내일은 화창한 날이 될 거예요.   **Tomorrow will be a sunny day**.

04 저녁 식사가 곧 준비될 거예요.   **Dinner will be ready** soon.

05 그 가게는 9시에 오픈 할 거예요.   **The store will be open** at 9.

06 그는 훌륭한 변호사가 될 거야.   **He will be a great lawyer**.

07 그녀는 졸업 후에 선생님이 되지 않을 거예요.   **She won't be a teacher** after graduation.

08 그녀는 내일 우리와 함께 여기에 있을 거야.   **She will be here** with us tomorrow.

09 우리는 이번 주말에 집에 없을 거야.   **We won't be at home** this weekend.

10 우리는 내년에 시드니에 있을 거야.   **We will be in Sydney** next year.

Chapter 2.

확장 문장 훈련

· · ·

Chapter 1에서 배운 기본 문장에
살을 붙이거나, 두 개의 문장을 하나로 연결하는 연습을 하며
확장된 문장 말하기가 가능해요.
이제 내가 하고 싶은 말을 조금 더 구체적으로 말해보며
영어에 자신감을 가져볼까요?

DAY 26

'~하다'를 '~하는 것'으로 만들기 (1)

📝 Step 1 | 단어연결법 공식 배우기

누가 + 어쩐다 + to 동사원형

= 누가 ~하기를 어쩐다

나는		원한다		마시기를		커피를		나는 커피 마시기를 원해.
I	+	**want**	+	**to drink**	+	**coffee**	=	**I want to drink coffee.**

너는		원한다		마시기를		커피를		너는 커피 마시기를 원해.
You	+	**want**	+	**to drink**	+	**coffee**	=	**You want to drink coffee.**

그는		원한다		마시기를		커피를		그는 커피 마시기를 원해.
He	+	**wants**	+	**to drink**	+	**coffee**	=	**He wants to drink coffee.**

우리는		원한다		마시기를		커피를		우리는 커피 마시기를 원해.
We	+	**want**	+	**to drink**	+	**coffee**	=	**We want to drink coffee.**

앞서 drink, work와 같은 단어가 '마시다, 일하다'라는 의미의 동사임을 배웠습니다. 이러한 '~하다'라는 동사를 '~하는 것을, ~하기를'과 같은 명사처럼 사용하려면 동사 앞에 **to**를 붙여서 말해요. 이러한 to를 **to부정사**라고 하고, **to** 뒤에는 동사원형을 써야 합니다.

‣ 마시다 drink → 마시기를 to drink
‣ 여기에 있다 be here → 여기에 있기를 to be here

🔊 Step 2 | 단어연결법 익히기

10번 반복 ☑☐☐☐☐ ☐☐☐☐☐

나는 여기서 일하기를 원해.
나는 녈를 데리러 가고 싶지 않아.

이시원 선생님과
함께 학습해 보세요.

왕초보탈출 2탄

* 영어 문장은 QR 및 232p에서 확인하세요.

🎯 Step 3 | 다양한 문장으로 단어연결법 훈련하기

10번 반복 ☑☐☐☐☐ ☐☐☐☐☐

01 나는 해외로 여행가고 싶어.
I **want to travel** abroad.

02 나는 후회하고 싶지 않아요.
I **don't want to regret** it.

03 전 영어를 유창하게 말하고 싶어요.
I **want to speak** English fluently.

04 저 잠시 혼자 있고 싶어요.
I **want to be alone** for a while.

05 그녀는 일찍 일어날 필요가 있어.
She **needs to get up** early.

06 Brian은 널 데리러 가고 싶어 하지 않아.
Brian **doesn't want to pick you up**.

07 그녀는 아나운서가 되고 싶어 해요.
She **wants to be** an announcer.

08 Mary는 요가 수업에 등록하길 원해.
Mary **wants to register for** a yoga class.

09 우리는 중국어 공부를 시작했어.
We **began to study** Chinese.

10 우린 더 이상 여기에 있고 싶지 않아요.
We **don't want to be here** anymore.

DAY 27

'~하다'를 '~하는 것'으로 만들기 (2)

📝 Step 1 | 단어연결법 공식 배우기

누가 + **어쩐다** + **사람 목적어** + **to 동사원형**

= 누가 OO가 ~하기를 어쩐다

나는	원한다	네가	가기를	나는 네가 가기를 원해.
I +	want +	you +	to go	= I want you to go.

나는	원한다	그가	가기를	나는 그가 가기를 원해.
I +	want +	him +	to go	= I want him to go.

나는	원한다	그녀가	가기를	나는 그녀가 가기를 원해.
I +	want +	her +	to go	= I want her to go.

나는	원한다	그들이	가기를	나는 그들이 가기를 원해.
I +	want +	them +	to go	= I want them to go.

지난 차시에서 '~하기를 원해, ~하고 싶어'는 to부정사를 활용한 'want to 동사원형'으로 나타냄을 배웠습니다. 이를 '난 네가 ~하기를 원해, 난 그가 ~하면 좋겠어'와 같이 다른 사람이 어떤 일을 하기를 원한다고 말할 때는 **want**와 **to** 사이에 사람 목적어를 추가해서 말할 수 있어요.

Step 2 | 단어연결법 익히기

10번 반복

나는 너가 이것을 먹어봤으면 좋겠어.
내가 이거 가져갈까?

이시원 선생님과
함께 학습해 보세요.

* 영어 문장은 QR 및 232p에서 확인하세요.

Step 3 | 다양한 문장으로 단어연결법 훈련하기

10번 반복

01 난 네가 이 영화를 보면 좋겠어.
I **want you to see** this movie.

02 난 그가 방을 청소하면 좋겠어.
I **want him to clean** his room.

03 난 네가 여기 오면 좋겠어.
I **want you to come** here.

04 그는 내가 이 음식 먹어보면 좋겠대.
He **wants me to try** this food.

05 우리는 아들이 키가 크면 좋겠어요.
We **want our son to be tall**.

06 넌 내가 이거 사면 좋겠어?
Do you **want me to buy** this?

07 넌 그가 너를 도와주면 좋겠어?
Do you **want him to help** you?

08 그녀는 내가 여기서 일하면 좋겠대?
Does she **want me to work** here?

09 그녀는 그가 같이 가주면 좋겠대?
Does she **want him to come along**?

10 그는 그녀가 먼저 전화해 주길 원해?
Does he **want her to call** first?

DAY 28

to를 이용해 목적과 이유 말하기

 Step 1 | 단어연결법 공식 배우기

누가 + 어쩐다 + to 동사원형

= 누가 ~하려고 어쩐다

나는	온다	여기에	영어 공부하려고	나는 여기에 영어 공부하러 와.
I +	come +	here +	to study English =	I come here to study English.

그는	온다	여기에	영어 공부하려고	그는 여기에 영어 공부하러 와.
He +	comes +	here +	to study English =	He comes here to study English.

그녀는	온다	여기에	영어 공부하려고	그녀는 여기에 영어 공부하러 와.
She +	comes +	here +	to study English =	She comes here to study English.

우리는	온다	여기에	영어 공부하려고	우리는 여기에 영어 공부하러 와.
We +	come +	here +	to study English =	We come here to study English.

'~하려고, ~하기 위해서'와 같이 목적이나 이유를 말할 때도 동사 앞에 to부정사의 **to**를 붙여서 말할 수 있습니다. 마찬가지로 to 뒤에는 동사원형이 와야 합니다.

🔊 Step 2 | 단어연결법 익히기

10번 반복 ☐☐☐☐☐ ☐☐☐☐☐

나는 먹기 위해 산다.
나는 여기 내 친구를 만나려고 왔어요.

이시원 선생님과
함께 학습해 보세요.

왕초보탈출 2탄

* 영어 문장은 QR 및 232p에서 확인하세요.

🎧 Step 3 | 다양한 문장으로 단어연결법 훈련하기

10번 반복 ☐☐☐☐☐ ☐☐☐☐☐

01 난 미국에 가려고 영어 공부해.
I study English **to go to the U.S.**

02 난 여기 샌드위치 먹으러 왔어.
I came here **to eat a sandwich**.

03 난 David를 만나려고 강남역에 갔어.
I went to Gangnam station **to meet David**.

04 그는 휴식을 취하기 위해 여기에 있는 걸 좋아해.
He likes to be here **to get some rest**.

05 그는 건강해지려고 일주일에 세 번 헬스장에서 운동해요.
He works out at the gym three times a week **to be healthy**.

06 그녀는 시험에 합격하기 위해 열심히 공부해야 해요.
She should study hard **to pass the exam**.

07 그녀는 옷을 사려고 그 매장에 자주 가.
She often goes to the store **to buy clothes**.

08 우리는 행복해지려고 여행을 해.
We travel **to be happy**.

09 우리는 영화를 보기 위해 내일 만날 거예요.
We will meet tomorrow **to see a movie**.

10 우리는 그 콘서트에 가려고 표를 예매했어.
We booked tickets **to go to the concert**.

DAY 29 문장을 꾸며주는 부사

📋 **Step 1** | 단어연결법 공식 배우기

누가 + be + 부사 + 형용사

= 누가 ~하게 ~하다

너는	~이다	완전히	맞은	네가 완전히 맞아.
You	+ are	+ totally	+ right	= You are totally right.

너는	~이다	확실히	맞은	네가 확실히 맞아.
You	+ are	+ definitely	+ right	= You are definitely right.

너는	~이다	아마	맞은	네가 아마 맞을 거야.
You	+ are	+ probably	+ right	= You are probably right.

부사는 문장의 형용사, 동사, 부사를 더 자세하게 설명하고 꾸며주는 역할을 하는 말입니다. 부사는 **형용사나 다른 부사 앞, 동사 앞이나 뒤, 또는 문장의 맨 앞이나 뒤에 위치**합니다. 문장에서 부사의 위치는 나른 단어에 비해 비교적 자유롭습니다.

부사는 **보통 형용사에 -ly를 붙인 형태**이지만 그렇지 않은 경우도 있으니 부사의 종류는 다양한 예문을 통해 나올 때마다 익히시는 것이 좋습니다.

내가 아마 틀릴 거야.
나는 네가 맞았으면 좋겠어.

이시원 선생님과
함께 학습해 보세요.

왕초보탈출 2탄

Chapter 2

확장 문장 훈련

* 영어 문장은 QR 및 232p에서 확인하세요.

Step 3 다양한 문장으로 단어연결법 훈련하기

10번
반복

01	나 완전 충격 받았어.	I'm **totally** shocked.
02	전 여기 완전 처음이에요.	I'm **totally** new here.
03	그는 화요일까지 그걸 확실히 끝낼 거야.	He will **definitely** finish it by Tuesday.
04	확실히, 그는 내 스타일이 아니었어.	**Definitely**, he was not my style.
05	그는 결국 그 경기 이겼어.	He **finally** won the game.
06	우리 드디어 집 샀어.	We bought a house **finally**.
07	Brian이 최근에 책을 출간했어.	Brian **recently** published a book.
08	그녀는 최근에 그한테 소식을 들었어.	She **recently** heard from him.
09	내가 다음번엔 그걸 할 수 있으면 좋겠어.	**Hopefully**, I can do that next time.
10	그게 마지막이었으면 좋겠어.	**Hopefully**, that was the last time.

DAY 30

진행 중인 일 말하기

 학습일 ◯ 월 ◯ 일

📋 Step 1 | 단어연결법 공식 배우기

누가 + be + 동사ing

= 누가 ~하는 중이다

나는		일하는 중이다		나는 일하는 중이야.
I	+	am working	=	I am working

그는		일하는 중이다		그는 일하는 중이야.
He	+	is working	=	He is working.

그녀는		일하는 중이다		그녀는 일하는 중이야.
She	+	is working	=	She is working.

우리는		일하는 중이다		우리는 일하는 중이야.
We	+	are working	=	We are working.

'~하는 중이다'와 같이 현재에 무언가가 진행 중임을 말할 때는 현재진행형을 사용합니다. 현재진행형은 'be + 동사ing'로 나타내고, be동사는 주어에 따라 am/are/is로 바꿔 써요. 그리고 현재진행형은 이미 정해져 있는 가까운 미래의 일을 말할 때도 사용되어 '~할 거다'로 해석됩니다.

📖🔊 Step 2 | 단어연결법 익히기

10번 반복 🐰 ⬜⬜⬜⬜ ⬜⬜⬜⬜

우리는 공부하는 중입니다.
너는 가는 중이니?

이시원 선생님과
함께 학습해 보세요.

왕초보탈출 2탄

* 영어 문장은 QR 및 232p에서 확인하세요.

👥 Step 3 | 다양한 문장으로 단어연결법 훈련하기

10번 반복 🐰 ⬜⬜⬜⬜ ⬜⬜⬜⬜

01	나 지금 출근하는 중이야.	**I am going to work** now.
02	우리는 음악 듣는 중이야.	**We are listening to** music.
03	여기 비가 많이 오고 있어요.	**It is raining** a lot here.
04	잘 진행되지 않고 있어요.	**It is not going** well.
05	그는 그녀와 이야기하는 중이 아니야.	**He is not talking** to her.
06	그는 설거지하는 중이야?	**Is he washing the dishes**?
07	너희 저녁 먹는 중이야?	**Are you having** dinner?
08	나는 다음 달에 한국 떠날 거야.	**I am leaving** Korea next month.
09	나는 오늘 그와 저녁 먹을 거야.	**I am having** dinner with him today.
10	너 내일 올 거야?	**Are you coming** tomorrow?

DAY 31

알아두면 유용한 단어 take

🎯 학습일 ◯ 월 ◯ 일

📋 **Step 1** | **단어연결법 공식 배우기**

누가 + **take** + 무엇을

= **누가 무엇을 가지고 가다/데려다주다/복용하다/수강하다**

나는	데려다 줄 거다	그를	학교에	나는 그를 학교에 데려다 줄 거야.
I	+ will take	+ him	+ to school	= I will take him to school.

나는	먹어야 한다	약을	점심 후에	나는 점심 먹고 약을 먹어야 해.
I	+ should take	+ medicine	+ after lunch	= I should take medicine after lunch.

나는	듣고 있다	영어 수업을	이번 학기에	나는 이번 학기에 영어 수업을 듣고 있어.
I	+ am taking	+ an English class	+ this semester	= I am taking an English class this semester.

take는 원어민이 정말 많이 쓰는 단어입니다. 그래서 '(물건을) 가지고 가다, 이동시키다', '(사람을) 데려다주다, 안내하다', '(시간이) 걸리다', '(약 등을) 복용하다', '(특정 과목을) 듣다, 수강하다', '(시험 등을) 치르다'와 같이 다양한 의미가 있어요. 그리고 take가 사용된 실용적인 표현들도 많이 쓰이니 함께 알아두시면 좋습니다.

▸ 쉬다 take a break, 샤워하다 take a shower, 낮잠 자다 take a nap
▸ 사진 찍다 take a picture, ~을 벗다 take off, ~을 돌보다 take care of

Step 2 | 단어연결법 익히기

10번 반복

이것을 네 방으로 가져가.
5분 걸려요.

이시원 선생님과
함께 학습해 보세요.

왕초보탈출 2탄

* 영어 문장은 QR 및 232p에서 확인하세요.

Step 3 | 다양한 문장으로 단어연결법 훈련하기

10번 반복

01 나 어제 시험 봤어.
I **took a test** yesterday.

02 내가 너 학교로 데려다 줄 수 있어.
I **can take** you to school.

03 그는 나으려면 약 먹어야 해.
He **needs to take medicine** to get better.

04 홍콩까지 다섯 시간 걸렸어.
It **took five hours** to get to Hong Kong.

05 우리는 요가 수업 들을 거야.
We **will take** a yoga **class**.

06 너 이번 학기에 수업 많이 들어야 해.
You **should take** a lot of **classes** this semester.

07 10분 동안 쉬다.
Let's **take a break** for 10 minutes.

08 나 점심 먹고 낮잠 자고 싶어.
I **want to take a nap** after lunch.

09 저희 사진 찍어주시겠어요?
Could you take a picture of us?

10 넌 네 남동생을 챙겨야 해.
You **should take care of** your brother.

DAY 32

주어로 쓰이는 who, what

🎯 학습일 ◯ 월 ◯ 일

📝 **Step 1** │ **단어연결법 공식 배우기**

Who + 어쩐다 + 무엇을 = 누가 무엇을 한다

What + 어쩐다 + 무엇을 = 무엇이 무엇을 한다

누가	좋아하다	너를	누가 너를 좋아해?
Who +	likes +	you	= Who likes you?

누가	만들고 있다	라면을	누가 라면을 만들고 있어?
Who +	is making +	ramen	= Who is making ramen?

무엇이	들어가다	여기 안에	뭐가 여기 안에 들어가?
What +	goes +	in here	= What goes in here?

무엇이	있었다	여기에	뭐가 여기 있었어?
What +	was +	here	= What was here?

우리가 육하원칙으로 알고 있는 '누가, 언제, 어디서, 무엇이, 어떻게, 왜'에 해당하는 단어를 의문사라고 합니다. 그중 '**누가(who)**', '**무엇이(what)**'는 의문문에서 **주어 역할**을 할 수 있어요. 의문사가 주어 역할을 하기 때문에 뒤에는 동사(be동사나 일반동사)가 바로 오게 됩니다. 그리고 주어 who, what은 **3인칭 단수로 취급**하기 때문에 문장이 현재시제라면 **동사 뒤에 -s 또는 -es**를 붙여야 해요. 그리고 who, what이 주어로 쓰이는 의문문에서는 do/does 등을 사용하지 않는 점도 기억해 주세요.

🔊 Step 2 | 단어연결법 익히기

10번 반복 ☑ ☐ ☐ ☐ ☐
☐ ☐ ☐ ☐

누가 커피 마셨어요?
무슨 일이 일어나고 있어?

이시원 선생님과
함께 학습해 보세요.

왕초보탈출 2탄

* 영어 문장은 QR 및 232p에서 확인하세요.

🧑‍🤝‍🧑 Step 3 | 다양한 문장으로 단어연결법 훈련하기

10번 반복 ☑ ☐ ☐ ☐ ☐
☐ ☐ ☐ ☐

01	여기 무슨 일로 오셨어요?	**What brings** you here?
02	무엇이 이 와인과 어울리나요?	**What goes** with this wine?
03	뭐가 널 미소 짓게 만드는 거야?	**What is making** you smile?
04	뭐가 네 마음을 바꾸게 했니?	**What made** you change your mind?
05	뭐가 널 발리를 선택하게 했어?	**What made** you choose Bali?
06	누가 지금 일하고 있어?	**Who is working** now?
07	누가 경기 이겼어?	**Who won** the game?
08	누가 저녁 살 거야?	**Who will buy** dinner?
09	누가 나를 도와줄 수 있니?	**Who can help** me?
10	아이스 커피 먹을 사람?	**Who wants** an iced coffee?

단어연결법 챌린지

DAY 33 육하원칙으로 구체적 질문하기

Step 1 | 단어연결법 공식 배우기

Who/When/Where/What/How/Why + **do/does** + **누가** + **어쩐다**
= **누가/언제/어디서/무엇을/어떻게/왜 ~하니?**

누가	~하니	너는	원하다	만나기를	누구를 만나고 싶어?
Who	+ do	+ you	+ want	+ to meet	= Who do you want to meet?

언제	~하니	너는	원하다	보기를	언제 보고 싶어?
When	+ do	+ you	+ want	+ to see	= When do you want to see?

어디서	~하니	너는	원하다	가기를	어디에 가고 싶어?
Where	+ do	+ you	+ want	+ to go	= Where do you want to go?

무엇을	~하니	너는	원하다	만들기를	뭐를 만들고 싶어?
What	+ do	+ you	+ want	+ to make	= What do you want to make?

어떻게	~하니	너는	원하다	지불하기를	어떻게 지불하고 싶어?
How	+ do	+ you	+ want	+ to pay	= How do you want to pay?

왜	~하니	너는	원하다	알기를	왜 알고 싶어?
Why	+ do	+ you	+ want	+ to know	= Why do you want to know?

우리가 육하원칙으로 알고 있는 '누가(who), 언제(when), 어디서(where), 무엇을(what), 어떻게(how), 왜(why)'를 의문사라고 합니다. 이러한 의문사를 활용해서 원하는 내용을 구체적으로 질문할 수 있어요. 의문사 다음에 일반동사가 쓰일 때 문장의 시제에 따라 do/does/did를 써서 나타냅니다.

📖�)) Step 2 | 단어연결법 익히기

10번 반복 ☑ ☐ ☐ ☐ ☐ / ☐ ☐ ☐ ☐ ☐

이거 언제 하고 싶어?
너 이거 어떻게 했어?

이시원 선생님과
함께 학습해 보세요.

왕초보탈출 2탄

* 영어 문장은 QR 및 233p에서 확인하세요.

🎙 Step 3 | 다양한 문장으로 단어연결법 훈련하기

10번 반복 ☑ ☐ ☐ ☐ ☐ / ☐ ☐ ☐ ☐ ☐

01 너 보통 누구랑 여행 가?　　**Who do you** usually **travel with**?

02 너 언제 그게 필요해?　　**When do you need** it?

03 너 언제 테니스 치기 시작했어?　　**When did you start** playing tennis?

04 너 오늘 점심 어디서 먹었어?　　**Where did you have** lunch today?

05 너 그 가방 어디서 샀어?　　**Where did you buy** that bag?

06 너 저녁 먹고 보통 뭐해?　　**What do you** usually **do** after dinner?

07 그녀가 그에 대해 뭐라고 했어?　　**What did she say** about him?

08 너 Jenny를 어떻게 알아?　　**How do you know** Jenny?

09 너 어떻게 그 아이디어를 얻었어?　　**How did you get** the idea?

10 그는 왜 일찍 떠났어?　　**Why did he leave** early?

단어연결법 챌린지

DAY 34

-thing으로 끝나는 명사 꾸며주기

📝 **Step 1** | **단어연결법 공식 배우기**

> **something/anything/nothing** + **형용사/to부정사**
>
> = ~한 것

나는	필요하다	무언가	특별한	나는 특별한 게 필요해.
I	+ need	+ something	+ special	= I need something special.

나는	안 필요하다	무언가	특별한	나는 특별한 건 필요 없어.
I	+ don't need	+ anything	+ special	= I don't need anything special.

나는	필요하다	아무것도	특별한	나는 특별한 건 필요 없어.
I	+ need	+ nothing	+ special	= I need nothing special.

나는	가지고 있다	무언가	먹을	나는 먹을 것이 있어.
I	+ have	+ something	+ to eat	= I have something to eat.

나는	안 가지고 있다	무언가	먹을	나는 먹을 것이 없어.
I	+ don't have	+ anything	+ to eat	= I don't have anything to eat.

나는	가지고 있다	아무것도	먹을	나는 먹을 것이 없어.
I	+ have	+ nothing	+ to eat	= I have nothing to eat.

우리는 명사를 꾸며줄 때 보통 smart person(똑똑한 사람)처럼 '똑똑한'이라는 형용사가 명사 앞에 위치했습니다. 그러나 something, anything, nothing처럼 **-thing으로 끝나는 명사는 형용사나 to부정사가 뒤에 위치**하여 명사를 꾸며줘서 '**~한 것**'이라는 의미를 나타내요.

뜨거운 것 있어요?
나 할 게 있어.

이시원 선생님과
함께 학습해 보세요.

왕초보탈출 2탄

* 영어 문장은 QR 및 233p에서 확인하세요.

 **Step 3** | **다양한 문장으로 단어연결법 훈련하기**

10번 반복

01	난 뭔가 차가운 걸 마시고 싶어.	I want to drink **something cold**.
02	난 저녁으로 뭔가 매운 것을 먹고 싶어.	I want to eat **something spicy** for dinner.
03	그녀는 뭔가 살 게 있어.	She has **something to buy**.
04	우리는 너와 논의할 게 있어.	We have **something to discuss** with you.
05	너 특별히 생각해 둔 거라도 있어?	Do you have **anything special in mind**?
06	난 어떤 것도 마시고 싶지 않아.	I don't want **anything to drink**.
07	세관에 신고하실 물건이 있나요?	Do you have **anything to declare** for customs?
08	난 특별히 할 말 없어.	I have **nothing special to say**.
09	난 이 매장에서는 살 게 없어.	I have **nothing to buy** in this store.
10	난 이번 주말에 할 일이 없어.	I have **nothing to do** this weekend.

단어연결법 챌린지

DAY 35

알아두면 유용한 단어 other, another

📋 **Step 1** | **단어연결법 공식 배우기**

---

other + **복수명사** = 다른 것들

another + **단수명사** = 다른 하나

물어봐		다른		사람들		다른 사람들에게 물어봐.
Ask	+	**other**	+	**people**	=	**Ask other people.**

얘기해봐		다른		친구들		다른 친구들에게 얘기해봐.
Talk to	+	**other**	+	**friends**	=	**Talk to other friends.**

나는		가져왔다		다른		차를		나는 다른 차를 가져왔어.
I	+	**brought**	+	**another**	+	**car**	=	**I brought another car.**

나는		가져왔다		다른		펜을		나는 다른 펜을 가져왔어.
I	+	**brought**	+	**another**	+	**pen**	=	**I brought another pen.**

'다른'이라는 의미를 나타낼 때 other, another를 사용합니다. other는 뒤에 복수명사와 함께, another는 단수명사와 함께 사용한다는 차이가 있어요. 그리고 여러 개가 아닌 두 개인 상황에서, 하나는 one, 나머지 하나는 the other를 사용해요.

나는 다른 영화들 봤어.
나는 다른 재킷 입고 있어.

이시원 선생님과
함께 학습해 보세요.

* 영어 문장은 QR 및 233p에서 확인하세요.

📖》 **Step 3** | **다양한 문장으로 단어연결법 훈련하기** 10번 반복

01 전 다른 요리들을 맛보고 싶어요.
I want to try **other dishes**.

02 전 그 작가의 다른 책들도 읽고 싶어요.
I want to read the author's **other books**, too.

03 그는 항상 다른 일들로 바빠.
He is always busy with **other things**.

04 다른 색깔들을 볼 수 있을까요?
Can I see **other colors**?

05 그는 또 다른 전화를 받았어.
He got **another call**.

06 숟가락 하나 더 주실 수 있나요?
Can you get me **another spoon**?

07 우리는 다른 택시 불러야 해.
We should call **another taxi**.

08 이 치마가 마음에 안 들어요. 다른 걸 보여주세요.
I don't like this skirt. Show me **another one**, please.

09 (둘 중에) 이 파란 거 말고, 다른 거요.
Not this blue one, **the other one**.

10 (둘 중에) 이 사이즈 말고, 다른 거요.
Not this size, **the other one**.

DAY 36

동사를 명사로 만들기

📑 Step 1 | **단어연결법 공식 배우기**

동사ing + **be** + **형용사**

= ~하는 것은 -다

마시는 것	물을	중요하다	물을 마시는 것은 중요하다.
Drinking +	**water** +	**is important** =	Drinking water is important.

공부하는 것	영어를	중요하다	영어를 공부하는 것은 중요하다.
Studying +	**English** +	**is important** =	Studying English is important.

읽는 것	책을	중요하다	책을 읽는 것은 중요하다.
Reading +	**a book** +	**is important** =	Reading a book is important.

복용하는 것	비타민을	중요하다	비타민을 복용하는 것은 중요하다.
Taking +	**vitamins** +	**is important** =	Taking vitamins is important.

'~하다'라는 동사를 '~하는 것'이라는 명사로 바꾸려면 동사에 ing를 붙여서 표현합니다. 이렇게 **동사에 -ing를 붙인 형태**를 '**동명사**'라고 해요. 동명사는 문장에서 주어(누가)분만 아니라 목적어(무엇을) 자리에도 올 수 있어요.

Step 2 단어연결법 익히기

10번
반복

TV 보는 게 눈에 안 좋아.
좋은 장소를 찾는 것이
너의 사업에 중요해요.

이시원 선생님과
함께 학습해 보세요.

* 영어 문장은 QR 및 233p에서 확인하세요.

Chapter 2

확장 문장 훈련

Step 3 다양한 문장으로 단어연결법 훈련하기

10번
반복

01 요리하는 것은 재미있어.
Cooking is interesting.

02 새로운 언어를 배우는 것은 도전적인 것이다.
Learning a new language is challenging.

03 지하철을 타는 것은 편리해.
Taking the subway is convenient.

04 일찍 잠자리에 드는 것은 네 몸에 좋아.
Going to bed early is good for your body.

05 영어를 배우는 것은 너에게 유용해.
Learning English is useful for you.

06 하루에 세 번 약을 복용하는 게 중요해요.
Taking the medicine three times a day is important.

07 야구 경기 표 구하는 거 어려워.
Getting a ticket for baseball games is hard.

08 단것을 많이 먹는 것은 좋지 않아.
Eating sweets a lot is not good.

09 서울에서 집을 사는 것은 쉽지 않아.
Buying a house in Seoul is not easy.

10 밤에 커피를 마시는 것은 좋지 않아.
Drinking coffee at night is not good.

DAY 37 긴 주어를 대신하는 it

 Step 1 | 단어연결법 공식 배우기

It + is + 형용사 + to 동사원형

= ~하는 것은 -다

It	~이다	쉬운	빵을 만드는 것	빵을 만드는 것은 쉬워.
It +	**is** +	**easy** +	**to make bread** =	It is easy to make bread.

It	~이다	쉬운	영어를 말하는 것	영어를 말하는 것은 쉬워.
It +	**is** +	**easy** +	**to speak English** =	It is easy to speak English.

It	~이다	어려운	그 시험을 통과하는 것	그 시험을 통과하는 것은 어려워.
It +	**is** +	**hard** +	**to pass the test** =	It is hard to pass the test.

It	~이다	어려운	그 소식을 믿는 것	그 소식을 믿는 것은 어려워.
It +	**is** +	**hard** +	**to believe the news** =	It is hard to believe the news.

'~하는 것'을 의미하는 to부정사는 명사 역할을 하므로 주어 자리에 위치할 수 있습니다. 그런데 **영어는 주어가 길면 짧게 바꾸려는 경향**이 있어서 길어진 to부정사 주어를 문장 뒤로 보내고, 빈 자리에 it을 넣어서 문장 형태를 완성해요. 이때 **it은 특별한 의미가 없는 가짜 주어, 즉 가주어**라고 해요. 뒤로 옮긴 **to부정사를 진짜 주어, 즉 진주어**라고 합니다.

Step 2 | 단어연결법 익히기 10번 반복

그를 만나는 건 불가능해요.
믿기 어려워.

이시원 선생님과
함께 학습해 보세요.

왕초보탈출 2탄

* 영어 문장은 QR 및 233p에서 확인하세요.

Chapter 2

확장 문장 훈련

Step 3 | 다양한 문장으로 단어연결법 훈련하기 10번 반복

01 스페인어를 공부하는 것은
재미있어요.

It is fun **to study Spanish**.

02 한 달에 3kg을 빼는 것은 가능해요.

It is possible **to lose 3kg a month**.

03 돈을 저축하는 것은 중요해요.

It is important **to save money**.

04 이 시간에 택시를 잡는 것은 어려워.

It is hard **to grab a taxi at this time**.

05 둘 다 하는 것은 불가능해요.

It is impossible **to do both**.

06 밤에 걸어 다니는 것은 위험해.

It is dangerous **to walk around at night**.

07 공포영화를 보는 것은 무서워.

It is scary **to watch a horror movie**.

08 규칙적인 생활을 하는 것은 중요해요.

It is important **to live a regular life**.

09 시스템을 바꾸는 것은 가능하지 않아.

It is not possible **to change the system**.

10 외국인 친구를 사귀는 것은 쉽지
않아.

It is not easy **to make foreign friends**.

DAY 37 긴 주어를 대신하는 it   101

DAY 38 과거에 진행 중이었던 일 말하기

 Step 1 | 단어연결법 공식 배우기

누가 + was/were + 동사ing

= 누가 ~하는 중이었다

나는		가는 중이었다		거기에		나는 거기에 가는 중이었어.
I	+	was going	+	there	=	I was going there.

너는		가는 중이었다		거기에		너는 거기에 가는 중이었어.
You	+	were going	+	there	=	You were going there.

그는		가는 중이었다		거기에		그는 거기에 가는 중이었어.
He	+	was going	+	there	=	He was going there.

우리는		가는 중이었다		거기에		우리는 거기에 가는 중이었어.
We	+	were going	+	there	=	We were going there.

'~하는 중이다'라는 의미로 어떤 일이 진행 중임을 말할 때 'be + 동사ing'로 표현한다고 배웠습니다. 현재진행형은 주어에 따라 be동사를 am/are/is로 구분하여 쓰는데, '~하는 중이었다, ~하고 있었다'와 같이 과거에 무언가가 진행 중이었음을 말할 때는 be동사의 과거형 **was/were**로 나타냅니다.

Step 2 | 단어연결법 익히기

10번 반복

우리는 이것에 대해 얘기하는 중이었어.
나는 내 순서를 기다리고 있었어요.

이시원 선생님과
함께 학습해 보세요.

왕초보탈출 2탄

* 영어 문장은 QR 및 233p에서 확인하세요.

Step 3 | 다양한 문장으로 단어연결법 훈련하기

10번 반복

01 난 출근 중이었어.
I was going to work.

02 난 내 방 청소 중이었어.
I was cleaning my room.

03 나는 어제 3시에 자는 중이었어.
I was sleeping at 3 o'clock yesterday.

04 네가 전화했을 때, 나 자는 중이었어.
I was sleeping when you called.

05 그녀는 그와 이야기하는 중이었어.
She was talking to him.

06 우리는 점심으로 샌드위치를 먹고 있었어.
We were eating sandwiches for lunch.

07 우리는 함께 시험 공부를 하는 중이었어.
We were studying for the test together.

08 그들은 라디오를 듣고 있었어요.
They were listening to the radio.

09 그들은 최고의 시간을 보내는 중이었어.
They were having the best time.

10 그들은 출장을 위해 짐을 싸고 있었어요.
They were packing for the business trip.

단어연결법 챌린지

DAY 39 미래에 진행 중인 일 말하기

📋 Step 1 | 단어연결법 공식 배우기

누가 + will + be + 동사ing

= 누가 ~하는 중일 것이다

나는	~할 것이다	기다리는 중이다	나는 기다리는 중일 거야.
I +	will +	be waiting	= I will be waiting.

너는	~할 것이다	기다리는 중이다	너는 기다리는 중일 거야.
You +	will +	be waiting	= You will be waiting.

그녀는	~할 것이다	기다리는 중이다	그녀는 기다리는 중일 거야.
She +	will +	be waiting	= She will be waiting.

그들은	~할 것이다	기다리는 중이다	그들은 기다리는 중일 거야.
They +	will +	be waiting	= They will be waiting.

'~하는 중일 것이다, ~하고 있을 것이다'와 같이 미래에 무언가 진행 중임을 말할 때는 진행형의 기본 형태인 '**be + 동사ing**' 앞에 **will**을 **추가**합니다. will 뒤에는 동사원형이 오기 때문에 be동사는 주어에 따라 변하지 않고, 원형인 be를 그대로 써줍니다.

Step 2 | 단어연결법 익히기

나 일하고 있을 거야.
나 친구들이랑 놀고 있을 거야.

이시원 선생님과
함께 학습해 보세요.

왕초보탈출 2탄

* 영어 문장은 QR 및 233p에서 확인하세요.

Step 3 | 다양한 문장으로 단어연결법 훈련하기

01 나는 편안한 휴가를 즐기고 있을 거야. **I will be enjoying** a relaxing vacation.

02 저는 프로젝트를 진행하고 있을 거예요. **I will be working on** my project.

03 나는 밤새도록 영화를 보고 있을 거야. **I will be watching** movies all night.

04 그녀는 그녀의 발표를 리허설하고 있을 거예요. **She will be rehearsing** her presentation.

05 그녀는 새로운 일을 시작하고 있을 거예요. **She will be starting** her new job.

06 그녀는 내년에 미국에서 공부하고 있을 거예요. **She will be studying** in the U.S. next year.

07 우리는 내년에 캐나다를 여행하고 있을 거예요. **We will be traveling** to Canada next year.

08 아이들은 그 시간에 간식을 먹고 있을 거예요. **Children will be having** snacks at that time.

09 그들은 함께 요가 수업에 참석하고 있을 거예요. **They will be attending** yoga classes together.

10 그들은 그들의 기념일을 축하하고 있을 거예요. **They will be celebrating** their anniversary.

DAY 40

의견 물어보기

📋 **Step 1** | **단어연결법 공식 배우기**

> **How was** + **명사?**
>
> **= ~ 어땠어?**

어땠어		저녁 식사	저녁 식사는 어땠어?
How was	+	the dinner	= How was the dinner?

어땠어		회의	회의 어땠어?
How was	+	the meeting	= How was the meeting?

어땠어		경기	경기 어땠어?
How was	+	the game	= How was the game?

어땠어		여행	여행 어땠어?
How was	+	the trip	= How was the trip?

How는 '어떻게'라는 뜻의 의문사입니다. 그래서 어떤 것에 대해 '~은 어때?'라고 의견을 물어볼 때는 **How is ~?**라고 물어봅니다. 그리고 과거에 경험한 것에 대해서 '~은 어땠어?'라고 물어볼 때는 **How was ~?**라고 합니다.

Step 2 | **단어연결법 익히기**

10번 반복

스테이크 어땠어?
남산 간 것 어땠어?

이시원 선생님과
함께 학습해 보세요.

왕초보탈출 2탄

* 영어 문장은 QR 및 233p에서 확인하세요.

Step 3 | **다양한 문장으로 단어연결법 훈련하기**

10번 반복

01 네 휴가 어땠어?   **How was your vacation**?

02 네 고등학교 생활은 어땠어?   **How was your life** in high school?

03 거기 날씨 어땠어?   **How was the weather** there?

04 미국까지 비행 어땠어?   **How was your flight** to the U.S.?

05 그 호텔에서 지낸 거 어땠어?   **How was your stay** in that hotel?

06 출근 첫날 어땠어?   **How was your first day** of work?

07 어제 마케팅팀과의 회의 어땠어?   **How was the meeting** with the marketing team yesterday?

08 너희에게 2023년은 어땠어?   **How was the year of 2023** for you?

09 파리에서의 생활은 어땠어?   **How was your life** in Paris?

10 그 요리 맛은 어땠어?   **How was the taste** of the dish?

Chapter 2

확장 문장 훈련

DAY 41

will, can의 다른 표현
be going to, be able to

📋 Step 1 | 단어연결법 공식 배우기

누가 + **be going to** + 어쩐다 = 누가 ~할 것이다

누가 + **be able to** + 어쩐다 = 누가 ~할 수 있다

나는		~할 것이다		일하다		나는 일할 거야.
I	+	am going to	+	work	=	I am going to work.

그녀는		~할 것이다		일하다		그녀는 일할 거야.
She	+	is going to	+	work	=	She is going to work.

너는		~할 수 있다		가다		너는 갈 수 있어.
You	+	are able to	+	go	=	You are able to go.

그는		~할 수 있다		가다		그는 갈 수 있어.
He	+	is able to	+	go	=	He is able to go.

미래에 '**~할 것이다**'를 의미하는 will은 **be going to**로 바꿔 쓸 수 있어요. be going to는 '(이전에 계획했던 일을) 하겠다'라는 의미를 조금 더 강하게 나타내요. 그리고 going to는 비격식의 표현으로 gonna라고 줄여서 구어체에서 많이 씁니다. 그리고 '**~할 수 있다**'의 can은 **be able to**로 바꿔 쓸 수 있어요. be going to와 be able to는 다른 조동사(will, must, should 등)와 함께 써야 할 때 주로 사용합니다.

🔊 Step 2 | 단어연결법 익히기

10번 반복

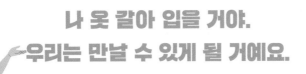

나 옷 갈아 입을 거야.
우리는 만날 수 있게 될 거예요.

이시원 선생님과
함께 학습해 보세요.

왕초보탈출 2탄

* 영어 문장은 QR 및 233p에서 확인하세요.

👥 Step 3 | 다양한 문장으로 단어연결법 훈련하기

10번 반복

01 난 여기 있을 거야.

I am going to be here.

02 나 이번 주말에 부산에 갈 거야.

I am going to go to Busan this weekend.

03 그는 그녀를 위해 저녁을 만들 거야.

He is going to make dinner for her.

04 그는 토요일에 농구할 거야.

He is going to play basketball on Saturday.

05 우리는 5분 후에, 공항에 도착할 거예요.

We are going to get to the airport in 5 minutes.

06 저는 제 일을 끝낼 수 있었어요.

I was able to finish my work.

07 난 10분이면 거기 도착할 수 있을 거야.

I will be able to get there in 10 minutes.

08 난 그걸 할 수 있어야만 해.

I must be able to do that.

09 그녀는 환불을 받을 수 있을 거야.

She will be able to get a refund.

10 그는 곧 떠날 수 있을 거야.

He will be able to leave soon.

DAY 42

알아두면 유용한 표현 gotta, wanna

Step 1 | 단어연결법 공식 배우기

누가 + **gotta** + 어쩐다 = 누가 ~해야 한다

누가 + **wanna** + 어쩐다 = 누가 ~하고 싶다

나는	~해야 한다	떠나다	지금	나는 지금 떠나야 해.
I	+ gotta	+ leave	+ now	= I gotta leave now.

너는	~해야 한다	떠나다	지금	너는 지금 떠나야 해.
You	+ gotta	+ leave	+ now	= You gotta leave now.

그는	~하고 싶다	먹다	샌드위치를	그는 샌드위치를 먹고 싶어 해.
He	+ wanna	+ eat	+ a sandwich	= He wanna eat a sandwich.

우리는	~하고 싶다	먹다	샌드위치를	우리는 샌드위치를 먹고 싶어.
We	+ wanna	+ eat	+ a sandwich	= We wanna eat a sandwich.

'~해야 한다'를 뜻하는 단어로 must가 있습니다. 같은 의미로 **have got to(= have to)**가 있는데, 이를 **gotta**로 줄여서 간단히 말하기도 합니다.

'~하고 싶다'라는 뜻의 **want to**도 간단히 줄여서 **wanna**라고 말할 수 있어요. gotta와 wanna는 모두 구어체 표현으로, 평서문 끝부분의 억양을 올리면 의문문으로도 쓸 수 있습니다.

Step 2 | 단어연결법 익히기

10번
반복

나 이거 끝내야 돼.
너 가서 좀 쉴래?

이시원 선생님과
함께 학습해 보세요.

왕초보탈출 2탄

* 영어 문장은 QR 및 233p에서 확인하세요.

Step 3 | 다양한 문장으로 단어연결법 훈련하기

10번
반복

01 난 공항에 오전 7시까지 가야 해.
I **gotta go** to the airport by 7 a.m.

02 난 Ann에게 오후에 전화해야 해.
I **gotta call** Ann in the afternoon.

03 넌 내게 그것에 대해 말해야 해.
You **gotta tell** me about it.

04 넌 지금 자야 해.
You **gotta go to bed** now.

05 너 지금 집에 가야 해?
You **gotta go home** now?

06 나 쇼핑 가고 싶어.
I **wanna go shopping**.

07 난 해변에 가고 싶어.
I **wanna go** to the beach.

08 나 태국 음식을 먹어보고 싶어.
I **wanna try** Thai food.

09 우린 여기에 머무르고 싶어.
We **wanna stay** here.

10 너 택시 타고 싶어?
You **wanna take** a taxi?

Chapter 2 확장 문장 훈련

단어연결법 챌린지

DAY 43

알아두면 유용한 단어 for, from

Step 1 | 단어연결법 공식 배우기

This + is + for ~ = 이건 ~를 위한 것이다

This + is + from ~ = 이건 ~에서 온 것이다

이건	~이다	~를 위한	내 차	이건 내 차를 위한 거야.
This	+ is	+ for	+ my car	= This is for my car.

이건	~이다	~를 위한	회의	이건 회의를 위한 거야.
This	+ is	+ for	+ the meeting	= This is for the meeting.

이건	~이다	~에서 온	내 차	이건 내 차에서 가져온 거야.
This	+ is	+ from	+ my car	= This is from my car.

이건	~이다	~에서 온	일본	이건 일본에서 온 거야.
This	+ is	+ from	+ Japan	= This is from Japan.

for는 전치사로 '~을 위한, ~에 쓸'을 의미하고 이유, 기능, 용도를 말할 때 써요. 그리고 전치사 from은 '~에서 온, ~로부터 나온, ~가 준'을 뜻합니다. 이러한 전치사는 뒤에 명사나 동명사가 옵니다.

Step 2 | 단어연결법 익히기

10번 반복

이거 내일 쓸 거야.
이거 내 방에서 가져온 거야.

이시원 선생님과
함께 학습해 보세요.

왕초보탈출 2탄

* 영어 문장은 QR 및 234p에서 확인하세요.

Step 3 | 다양한 문장으로 단어연결법 훈련하기

10번 반복

01 이건 판매용이야.
This is for sale.

02 이건 내 부모님을 위한 거야.
This is for my parents.

03 이건 그의 생일을 위한 거야?
Is this for his birthday?

04 이건 장식용인가요?
Is this for decorating?

05 이 표는 제주 여행을 위한 거야.
This ticket is for a trip to Jeju.

06 이건 우리의 지난 회의에서 나온 거예요.
This is from our last meeting.

07 이건 우리 아빠가 주는 거야.
This is from my dad.

08 이 선물은 그녀가 주는 거야?
Is this gift from her?

09 이 가방 이탈리에서 온 거야?
Is this bag from Italy?

10 이 요리법은 우리 엄마가 알려준 거야.
This recipe is from my mother.

DAY 44 두 개의 문장을 연결하는 that

 Step 1 | **단어연결법 공식 배우기**

I + think/believe + that + 누가 + 어쩐다

= 내가 ~라고 생각한다/믿는다

나는	생각한다	그가 잘생겼다고	나는 그가 잘생겼다고 생각해.
I +	think +	that he is handsome =	I think that he is handsome.

나는	생각한다	이게 비싸다고	나는 이게 비싸다고 생각해.
I +	think +	that this is expensive =	I think that this is expensive.

나는	믿는다	그가 옳다고	나는 그가 옳다고 믿어.
I +	believe +	that he is right	= I believe that he is right.

나는	믿는다	그녀가 올 거라고	나는 그녀가 올 거라고 믿어.
I +	believe +	that she will come	= I believe that she will come.

두 개의 문장을 접속사 **that**으로 연결하여 하나의 문장으로 만들 수 있어요. 이러한 접속사 that은 **think**(생각한다), **believe**(믿는다), **be sure**(확신한다), **agree**(동의한다) 등의 동사와 함께 쓰여 '~라고'를 의미하고, that 뒤에는 '누가 + 어쩐다'의 완전한 문장이 있어야 합니다.

나는 내 것이라고 생각해.
나는 그가 맞다고 확신해.

이시원 선생님과
함께 학습해 보세요.

왕초보탈출 2탄

*영어 문장은 QR 및 234p에서 확인하세요.

Chapter 2

확장 문장 훈련

Step 3 | **다양한 문장으로 단어연결법 훈련하기**

10번
반복

| 01 | 난 그녀가 늦게 도착할 거라고 생각해. | **I think that** she will arrive late. |

| 02 | 난 네가 살쪘다고 생각하지 않아. | **I don't think that** you gained weight. |

| 03 | 넌 그게 가능하다고 생각해? | **Do you think that** it is possible? |

| 04 | 난 우리가 할 수 있다고 믿어. | **I believe that** we can do it. |

| 05 | 난 우리가 잘 할 수 있을 거라고 믿어. | **I believe that** we can do well. |

| 06 | 난 네가 곧 나아질 거라고 확신해. | **I am sure that** you will feel better soon. |

| 07 | 난 그녀가 시험에 합격할 거라고 확신해. | **I am sure that** she will pass the test. |

| 08 | 난 그가 안 그랬다고 확신해. | **I am sure that** he didn't. |

| 09 | 난 이게 문제라는 것에 동의해. | **I agree that** this is a problem. |

| 10 | 난 그게 매우 중요하다는 것에 동의해. | **I agree that** it is very important. |

DAY 45

단어연결법 챌린지

두 개의 문장을 연결하는 since, so, so that

📋 **Step 1** | 단어연결법 공식 배우기

Since + 누가 + 어쩐다 + 누가 + 어쩐다 = ~하기 때문에 ~하다

누가 + 어쩐다 + so/so that + 누가 + 어쩐다 = ~해서/~하려고 ~하다

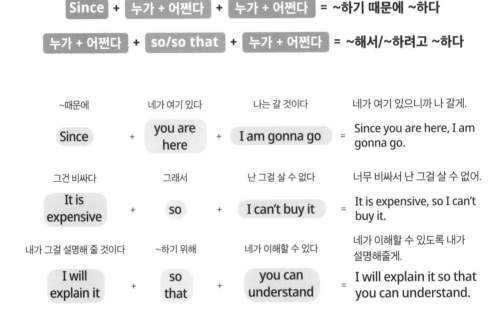

| ~때문에 | | 네가 여기 있다 | | 나는 갈 것이다 | 네가 여기 있으니까 나 갈게. |
| Since | + | you are here | + | I am gonna go | = Since you are here, I am gonna go. |

| 그건 비싸다 | | 그래서 | | 난 그걸 살 수 없다 | 너무 비싸서 난 그걸 살 수 없어. |
| It is expensive | + | so | + | I can't buy it | = It is expensive, so I can't buy it. |

| 내가 그걸 설명해 줄 것이다 | | ~하기 위해 | | 네가 이해할 수 있다 | 네가 이해할 수 있도록 내가 설명해줄게. |
| I will explain it | + | so that | + | you can understand | = I will explain it so that you can understand. |

접속사 **since**는 '~하니까, ~때문에'라는 뜻으로 이유를 나타냅니다. 그리고 **so**는 '~해서, 그래서'라는 뜻으로, **원인과 결과**를 나타내고, **so that**은 '~하기 위해, ~하려고'라는 뜻으로 **방법과 목적**을 나타내는 문장을 연결해 줍니다. so that 뒤의 문장은 보통 can을 함께 사용해서 '~할 수 있도록'이라는 의미를 나타냅니다.

Step 2 | 단어연결법 익히기

10번 반복

더워서 나 안 나갈 거야.
내가 너 잘 수 있게 집에 태워다 줄게.

이시원 선생님과
함께 학습해 보세요.

왕초보탈출 2탄

* 영어 문장은 QR 및 234p에서 확인하세요.

Chapter 2

확장 문장 훈련

 **Step 3** | 다양한 문장으로 단어연결법 훈련하기

10번 반복

| 01 | 내일 월요일이기 때문에 너 일찍 자야 해. | **Since tomorrow is Monday**, you should go to bed early. |

01 내일 월요일이기 때문에 너 일찍 자야 해.
Since tomorrow is Monday, you should go to bed early.

02 어제 비가 와서 난 집에 있었어.
Since it rained yesterday, I stayed at home.

03 나 늦잠을 자서 학교에 지각했어.
Since I overslept, I was late for school.

04 너무 추워서 집에 있을 거야.
It is very cold, **so I will stay at home**.

05 나 지금 나가야 해서 다시 전화할게.
I have to go out now, **so I will call again**.

06 나 몸이 안 좋아서 지금 집에 가고 싶어.
I am not feeling well, **so I want to go home now**.

07 그는 요즘 야근을 해서 피곤해.
He works overtime these days, **so he is tired**.

08 나 돈을 아끼려고 점심을 싸가지고 다녀.
I pack lunch **so that I can save money**.

09 네가 일찍 갈 수 있게 내가 태워다 줄게.
I will give you a ride **so that you can go early**.

10 그녀는 장학금을 받으려고 공부를 열심히 해.
She studies hard **so that she can get a scholarship**.

단어연결법 챌린지

DAY 46

두 개의 문장을 연결하는 even if

 Step 1 | 단어연결법 공식 배우기

Even if + 누가 + 어쩐다 + 누가 + 어쩐다

= 누가 ~할지라도 -하다

~할지라도	네가 피곤하다	너는 운동해야 한다	네가 피곤할 지라도 너는 운동해야 해.
Even if	+ you are tired	+ you should exercise	= Even if you are tired, you should exercise.

~할지라도	네가 졸립다	너는 운동해야 한다	네가 졸릴지라도 너는 운동해야 해.
Even if	+ you are sleepy	+ you should exercise	= Even if you are sleepy, you should exercise.

~할지라도	네가 바쁘다	너는 운동해야 한다	네가 바쁠지라도 너는 운동해야 해.
Even if	+ you are busy	+ you should exercise	= Even if you are busy, you should exercise.

~할지라도	네가 지치다	너는 운동해야 한다	네가 지쳤을지라도 너는 운동해야 해.
Even if	+ you are exhausted	+ you should exercise	= Even if you are exhausted you should exercise.

'(설령) ~할지라도, ~하더라도'라는 뜻의 접속사 **even if**는 일어나지 않았거나 사실이 아닌 일을 가정하여 말할 때 사용해요.

📖)) Step 2 | 단어연결법 익히기

10번 반복 ✗

네가 아프더라도 일단 나한테 전화해.
너 영어 필요 없어도, 영어 공부해야 돼.

이시원 선생님과
함께 학습해 보세요.

왕초보탈출 2탄

* 영어 문장은 QR 및 234p에서 확인하세요.

👥 Step 3 | 다양한 문장으로 단어연결법 훈련하기

10번 반복 ✗

01	네가 아프더라도, 학교에 가야 해.	**Even if you are sick**, you should go to school.
02	네가 배부르더라도, 이 케이크 맛봐야 해.	**Even if you are full**, you should taste this cake.
03	네가 이걸 안 좋아하더라도, 넌 이걸 사야 해.	**Even if you don't like this**, you should buy this.
04	네가 혼자 할 수 있을지라도, 내가 도와줄게.	**Even if you can do it alone**, I will help you.
05	네가 졸리더라도, 이걸 끝내야 해.	**Even if you are sleepy**, you should finish this.
06	네가 바쁘더라도, 넌 거기 가야 해.	**Even if you are busy**, you should go there.
07	그가 늦더라도, 나는 기다릴 거야.	**Even if he is late**, I will wait for him.
08	너희가 피곤하더라도, 일은 끝내야 해.	**Even if you are tired**, you should finish your work.
09	그게 어렵더라도, 너는 노력해야 해.	**Even if it is hard**, you should try.
10	그게 비싸더라도, 난 그걸 사야 해.	**Even if it is expensive**, I should buy it.

DAY 47 알아두면 유용한 패턴 said that

 Step 1 | 단어연결법 공식 배우기

누가 + said + that + 누가 + 어쩐다

= 누가 ~라고 말했다

네가	말했다	~라고	네가 행복했다	네가 행복했다고 말했잖아.
You	+ said	+ that	+ you were happy	= You said that you were happy.

그가	말했다	~라고	그가 행복했다	그가 행복했다고 말했어.
He	+ said	+ that	+ he was happy	= He said that he was happy.

그녀가	말했다	~라고	그녀가 행복했다	그녀가 행복했다고 말했어.
She	+ said	+ that	+ she was happy	= She said that she was happy.

그들이	말했다	~라고	그들이 행복했다	그들이 행복했다고 말했어.
They	+ said	+ that	+ they were happy	= They said that they were happy.

'누가 ~라고 말했다'라는 의미를 나타낼 때 **said that**으로 표현합니다. said 뒤의 that은 생략 가능하고, **that 뒤의 문장은 보통 과거시제로** 쓰고, 우리말 해석은 자연스럽게 현재형으로 할 수 있어요. 방금 전해 들은 정보에 대해서 말할 때, 현재의 습관, 불변의 진리 등을 말할 때는 과거시제가 아닌 현재시제로 쓸 수 있습니다.

Step 2 | 단어연결법 익히기

10번 반복

그가 시간이 있다고 그랬어.
너가 영어 쉽다고 말했잖아.

이시원 선생님과
함께 학습해 보세요.

왕초보탈출 2탄

* 영어 문장은 QR 및 234p에서 확인하세요.

Step 3 | 다양한 문장으로 단어연결법 훈련하기

10번 반복

01 내가 그거 싫다고 했잖아.　　I **said that I didn't like it**.

02 너는 그게 불가능하다고 했잖아.　　You **said that it was impossible**.

03 그는 오늘 떠날 거라고 했어.　　He **said that he was going to leave** today.

04 그는 캐나다에 머물고 싶었다고 했어.　He **said that he wanted to stay in Canada**.

05 그녀는 몰랐다고 했어.　　She **said that she didn't know**.

06 그녀는 생각할 시간이 필요하다고 했어.　She **said that she needed time to think**.

07 그녀는 너를 만날 거라고 했어.　　She **said that she was going to meet you**.

08 그들은 쉬고 싶었다고 했어.　　They **said that they wanted to get some rest**.

09 그들은 그들의 잘못이 아니라고 했어.　They **said that it wasn't their fault**.

10 그들은 오전 6시에 일어났다고 했어.　They **said that they got up at 6 a.m.**

DAY 48

알아두면 유용한 패턴 I'm not sure if

📝 Step 1 | 단어연결법 공식 배우기

I'm not sure + **if** + **누가 + 어쩐다**

= 나는 ~인지 잘 모르겠어

나는 잘 모르겠어	~한지	그게 좋은 선택이었다	나는 그게 좋은 선택이었는지 잘 모르겠어.
I'm not sure +	**if** +	it was a good choice	= I'm not sure if it was a good choice.

나는 잘 모르겠어	~한지	그게 좋은 선택이다	나는 그게 좋은 선택인지 잘 모르겠어.
I'm not sure +	**if** +	it is a good choice	= I'm not sure if it is a good choice.

나는 잘 모르겠어	~한지	그게 좋은 선택일 것이다	나는 그게 좋은 선택일지 잘 모르겠어.
I'm not sure +	**if** +	it will be a good choice	= I'm not sure if it will be a good choice.

나는 잘 모르겠어	~한지	그게 좋은 선택이 될 수 있다	나는 그게 좋은 선택이 될 수 있는지 잘 모르겠어.
I'm not sure +	**if** +	it can be a good choice	= I'm not sure if it can be a good choice.

'나는 ~인지 아닌지 잘 모르겠어, 확실하지 않아'라는 뜻으로 뭔가 확신하기 어려운 내용을 말할 때 **I'm not sure if ~** 패턴을 사용해요. 여기서 if는 '~인지 아닌지'라는 뜻이에요. if 뒤에는 '누가 + 어쩐다' 형태의 문장이 오고, 의미에 맞게 시제를 말해주면 됩니다. 문장 마지막에 '아닌지'를 의미하는 or not을 추가하여 '~인지 아닌지'라는 의미를 더 부각시켜 줄 수 있어요.

📱🔊 Step 2 | 단어연결법 익히기

이게 그의 최선인지 잘 모르겠어.
이게 건강에 좋은지 잘 모르겠어.

이시원 선생님과
함께 학습해 보세요.

왕초보탈출 2탄

* 영어 문장은 QR 및 234p에서 확인하세요.

10번 반복 ☑ □□□□ □□□□

🧑‍🤝‍🧑 Step 3 | 다양한 문장으로 단어연결법 훈련하기

10번 반복 ☑ □□□□ □□□□

01 내가 거기 제시간에 도착할 수 있을지 잘 모르겠어.
I'm not sure if I can get there on time.

02 내가 내년에 유학을 갈 수 있을지 잘 모르겠어.
I'm not sure if I can study abroad next year.

03 네가 그걸 아는지 잘 모르겠어.
I'm not sure if you know it.

04 그녀가 그걸 샀는지 잘 모르겠어.
I'm not sure if she bought it.

05 그녀가 한국인인지 잘 모르겠어.
I'm not sure if she is Korean.

06 그녀가 나한테 전화할지 잘 모르겠어.
I'm not sure if she will call me.

07 그게 네 취향인지는 잘 모르겠어.
I'm not sure if it is your taste.

08 그게 좋은 생각이었는지는 잘 모르겠어요.
I'm not sure if it was a good idea.

09 이게 적당한 가격인지 잘 모르겠어요.
I'm not sure if this is a reasonable price.

10 그들이 내일 오는 건지 잘 모르겠어.
I'm not sure if they will come tomorrow.

DAY 49

알아두면 유용한 패턴 I don't know if

📝 **Step 1** | **단어연결법 공식 배우기**

I don't know + **if** + **누가 + 어쩐다**

= 나는 ~한지 모르겠어

나는 모르겠어		~한지		그가 공부했다		나는 그가 공부했는지 모르겠어.
I don't know	+	if	+	he studied	=	I don't know if he studied.

나는 모르겠어		~한지		그가 공부하다		나는 그가 공부하는지 모르겠어.
I don't know	+	if	+	he studies	=	I don't know if he studies.

나는 모르겠어		~한지		그가 공부하고 있다		나는 그가 공부하는 중인지 모르겠어.
I don't know	+	if	+	he is studying	=	I don't know if he is studying.

나는 모르겠어		~한지		그가 공부할 것이다		나는 그가 공부할지 모르겠어.
I don't know	+	if	+	he will study	=	I don't know if he will study.

어떤 것에 대해 확신할 수 없을 때 쓰는 I'm not sure if ~와 비슷한 패턴으로 어떤 것을 모른다고 말할 때 동사 know를 활용하여 표현할 수 있습니다. 그래서 **'나는 ~한지 (아닌지) 모르겠어'**를 말할 때는 **I don't know if ~** 라고 해요. if 뒤에는 '누가 + 어쩐다' 형태의 문장이 오고, 의미에 맞게 시제를 말해주면 됩니다. 마찬가지로 문장 마지막에 '아닌지'를 의미하는 or not을 추가하여 '~인지 아닌지'라는 의미를 더 부각시켜 줄 수 있어요.

🔊 Step 2 | 단어연결법 익히기

10번 반복 🐰 ☐☐☐☐
☐☐☐☐

난 그가 올지 모르겠어.
난 이 장소가 딱 맞는 곳인지 모르겠어.

이시원 선생님과
함께 학습해 보세요.

* 영어 문장은 QR 및 234p에서 확인하세요.

👥 Step 3 | 다양한 문장으로 단어연결법 훈련하기

10번 반복 🐰 ☐☐☐☐
☐☐☐☐

01	그들이 괜찮은지 모르겠어.	**I don't know if** they are okay.
02	우리가 잘하고 있는 건지 모르겠어.	**I don't know if** we are doing well.
03	그가 수학을 공부할지 모르겠어.	**I don't know if** he will study math.
04	호텔에 셔틀버스가 있는지 모르겠어.	**I don't know if** the hotel has a shuttle bus.
05	내가 올해 휴가를 갈 수 있을지 모르겠어.	**I don't know if** I can go on a vacation this year.
06	내가 밤을 새울 수 있을지 모르겠어.	**I don't know if** I can stay up all night.
07	우리가 해결책을 찾을 수 있을지 모르겠어.	**I don't know if** we can find a solution.
08	내가 내일 거기에 갈 시간이 있을지 모르겠어.	**I don't know if** I will have time to go there tomorrow.
09	그가 그 식당을 좋아할지 모르겠어.	**I don't know if** he will like the restaurant.
10	내일 비가 올지 모르겠어요.	**I don't know if** it will rain tomorrow.

DAY 50
알아두면 유용한 패턴 I thought

 Step 1 | 단어연결법 공식 배우기

I thought + **(that)** + **누가 + 어쩐다**

= **나는 ~한 줄 알았다/~라고 생각했다**

나는 생각했다		(~라고)		그게 컸다		나는 그게 크다고 생각했어.
I thought	+	that	+	it was big	=	I thought it was big.

나는 생각했다		(~라고)		그게 좋았다		나는 그게 좋다고 생각했어.
I thought	+	that	+	it was good	=	I thought it was good.

나는 생각했다		(~라고)		그건 늦었다		나는 그건 늦었다고 생각했어.
I thought	+	that	+	it was late	=	I thought it was late.

나는 생각했다		(~라고)		그게 비쌌다		나는 그게 비싸다고 생각했어.
I thought	+	that	+	it was expensive	=	I thought it was expensive.

앞서 44일 차에서 I think (that)은 '난 ~라고 생각해, ~인 것 같다'라는 뜻으로, 본인의 생각을 말하는 패턴이라고 배웠습니다. think를 과거형 thought으로 바꾸면 **'~한 줄 알았다, ~라고 생각했다'로 과거의 추측을 말하는 패턴**이 돼요. I thought 뒤에 문장을 붙여서 말하면 되고, 이때 문장의 동사는 반드시 과거형으로 맞춰야 합니다.

Step 2 | 단어연결법 익히기

10번 반복

난 내 핸드폰 있다고 생각했어

난 내가 제시간에 도착할 수 있을 줄 알았어

이시원 선생님과 함께 학습해 보세요.

왕초보탈출 2탄

* 영어 문장은 QR 및 234p에서 확인하세요.

Step 3 | 다양한 문장으로 단어연결법 훈련하기

10번 반복

01	내가 잘하고 있다고 생각했어.	**I thought** I was doing well.
02	난 그를 잘 안다고 생각했어.	**I thought** I knew him well.
03	난 알람을 맞췄다고 생각했어.	**I thought** I set the alarm.
04	난 시험이 쉬울 줄 알았어.	**I thought** the test would be easy.
05	네가 거기 갈 거라고 생각했어.	**I thought** you would go there.
06	그녀가 농담하고 있다고 생각했어.	**I thought** she was joking.
07	그가 할 수 있을 거라고 생각했어.	**I thought** he could do it.
08	그가 차를 가져올 줄 알았어.	**I thought** he would bring his car.
09	우리가 미국에 곧 갈 수 있을 거라고 생각했어.	**I thought** we could go to the U.S. soon.
10	그들이 정말 멋있다고 생각했어.	**I thought** they were so cool.

DAY 51

의문사에 to 연결하기

 Step 1 | **단어연결법 공식 배우기**

how/what/where + **to 동사원형**

= 어떻게/무엇을/어디서 ~할지

나는		안다		어떻게		할지		나는 어떻게 할지 알아.
I	+	know	+	how	+	to do	=	I know how to do.

나는		안다		무엇을		할지		나는 뭐 할지 알아.
I	+	know	+	what	+	to do	=	I know what to do.

나는		안다		어디서		할지		나는 어디서 할지 알아.
I	+	know	+	where	+	to do	=	I know where to do.

how는 '어떻게', what은 '무엇을', where는 '어디서'라는 뜻입니다. 이것들이 to부정사와 함께 쓰이면 **how to**는 '어떻게 ~할지, ~하는 방법', **what to**는 '무엇을 ~할지', **where to**는 '어디서 ~할지'라는 뜻이 됩니다. 여기에서 to는 to부정사이니 뒤에 동사원형이 오는 것도 잊지 마세요.

Step 2 | 단어연결법 익히기

내가 무슨 말을 해야 할지 모르겠어.
어디 갈지 얘기해 줘.

이시원 선생님과
함께 학습해 보세요.

왕초보탈출 2탄

* 영어 문장은 QR 및 234p에서 확인하세요.

Step 3 | 다양한 문장으로 단어연결법 훈련하기

01 이거 하는 방법 말해 줘.

Tell me **how to do this**.

02 전 여기서 강남 어떻게 가는지 알아요.

I know **how to go** to Gangnam from here.

03 나는 자전거 타는 법 몰라.

I don't know **how to ride** a bicycle.

04 너 이 단어 어떻게 읽는지 알아?

Do you know **how to read** this word?

05 나는 그를 위해 뭘 사야 할지 알아.

I know **what to buy** for him.

06 그들은 뭘 먼저 해야 할지 몰라.

They don't know **what to do** first.

07 난 다음 주 결혼식에 뭘 입어야 할지 모르겠어.

I don't know **what to wear** to the wedding next week.

08 어디에서 내려야 할지 말해 줘.

Tell me **where to get off**.

09 난 내 차를 어디에 주차해야 할지 모르겠어.

I don't know **where to park** my car.

10 너 저녁 어디서 먹을지 정했어?

Did you decide **where to have** dinner?

DAY 52

that으로 문장 길게 만들기 (1)

📋 **Step 1** | 단어연결법 공식 배우기

| 명사 | + | that | + | 누가 | + | 어쩐다 |

= 누가 ~하는 명사

언어		~하는		내가		배우다		내가 배우는 언어
the language	+	that	+	I	+	learn	=	the language that I learn

언어		~하는		내가		배우는 중이다		내가 배우는 중인 언어
the language	+	that	+	I	+	am learning	=	the language that I am learning

언어		~하는		내가		배웠다		내가 배웠던 언어
the language	+	that	+	I	+	learned	=	the language that I learned

명사를 더 구체적으로 설명하고 싶을 때 that을 사용해서 나타낼 수 있어요. 이러한 **that은 명사 뒤에 붙이면 '~하다'를 '~하는'으로 바꿔줍니다.** 그래서 명사 뒤에 'that + 누가 + 어쩐다'가 오면 **'누가 ~하는 명사'**와 같이 해석합니다. that 뒤의 문장은 의미에 맞게 시제를 써주면 돼요.

Step 2 | 단어연결법 익히기

10번 반복

그녀가 갖고 있는 아이디어가 좋아요.
내가 운전하는 차가 이거야.

이시원 선생님과
함께 학습해 보세요.

왕초보탈출 2탄

* 영어 문장은 QR 및 234p에서 확인하세요.

Step 3 | 다양한 문장으로 단어연결법 훈련하기

10번 반복

01 내가 읽는 책들은 역사에 관한 거야. **The books that I read** are about history.

02 내가 사고 싶은 가방이 저기 있어. **The bag that I want to buy** is over there.

03 내가 어제 먹은 버거는 정말 맛있었어. **The hamburger that I ate yesterday** was so good.

04 그가 좋아하는 커피는 아메리카노야. **The coffee that he likes** is americano.

05 그가 지금 기다리고 있는 사람은 여자친구야. **The person that he is waiting now** is his girlfriend.

06 그가 물었던 질문들은 어려웠어. **The questions that he asked** were difficult.

07 그가 가고 싶은 나라는 캐나다야. **The country that he wants to go to** is Canada.

08 그녀가 지금 배우고 있는 운동은 요가야. **The exercise that she is learning now** is yoga.

09 그녀가 듣고 있는 음악은 재즈에요. **The music that she is listening to** is jazz.

10 우리가 봤던 영화는 정말 재미있었어. **The movie that we watched** was really fun.

단어연결법 챌린지

DAY 53

that으로 문장 길게 만들기 (2)

 Step 1 │ 단어연결법 공식 배우기

This + is + 명사 + that + 누가 + 어쩐다

= 이것은 누가 ~하는 명사이다

이것은	~이다	내가 읽는 책	이것은 내가 읽는 책이야.
This	+ is +	the book that I read	= This is the book that I read.

이것은	~이다	내가 읽었던 책	이것은 내가 읽었던 책이야.
This	+ is +	the book that I read	= This is the book that I read.

이것은	~이다	내가 읽고 있는 중인 책	이것은 내가 읽고 있는 중인 책이야.
This	+ is +	the book that I am reading	= This is the book that I am reading.

이것은	~이다	내가 읽을 책	이것은 내가 읽을 책이야.
This	+ is +	the book that I will read	= This is the book that I will read.

지난 차시에서 that으로 만든 긴 명사가 주어(누가) 자리에 쓰인 문장을 연습했습니다. **that을 붙여 만든 긴 명사는 문장에서 보어 자리**에도 쓰일 수 있어요. 예를 들어 'This is the book that I read. (이것은 내가 읽는 책이야)'라는 문장에서 is 뒤의 the book that I read가 보어에 해당해요.

Step 2 | 단어연결법 익히기

10번 반복

이건 내가 좋아하는 책이야.
이건 우리 삼촌한테 받은 책이야.

이시원 선생님과
함께 학습해 보세요.

왕초보탈출 2탄

* 영어 문장은 QR 및 235p에서 확인하세요.

Step 3 | 다양한 문장으로 단어연결법 훈련하기

10번 반복

01 이게 내가 요즘에 마시는 커피야.
This is **the coffee that I drink these days**.

02 이게 그가 필요한 모자야.
This is **the hat that he needs**.

03 이게 내가 그녀한테 빌린 카메라야.
This is **the camera that I borrowed from her**.

04 이게 내가 너와 보고 싶었던 영화야.
This is **the movie that I wanted to see with you**.

05 이게 어제 내가 산 셔츠야.
This is **the shirt that I bought yesterday**.

06 이게 우리가 먹고 싶었던 유명한 베이글이야.
This is **the famous bagel that we wanted to eat**.

07 이게 그녀가 그녀의 어머니께 받은 반지야.
This is **the ring that she got from her mother**.

08 이게 우리가 진행하고 있는 프로젝트야.
This is **the project that we are working on**.

09 이게 그가 만들 수 있는 유일한 음식이야.
This is **the only food that he can make**.

10 이게 내가 살게 될 아파트야.
This is **the apartment that I will live in**.

DAY 53 that으로 문장 길게 만들기 (2)   133

DAY 54

that으로 문장 길게 만들기 복습 (1)

📝 Step 1 | 단어연결법 공식 배우기

명사 + that + 누가 + 어쩐다

= 누가 ~하는 명사

아파트		~하는		내가 산다		내가 사는 아파트
the apartment	+	that	+	I live in	=	the apartment that I live in

아파트		~하는		내가 살았다		내가 살았던 아파트
the apartment	+	that	+	I lived in	=	the apartment that I lived in

아파트		~하는		내가 살고 있다		내가 살고 있는 아파트
the apartment	+	that	+	I am living in	=	the apartment that I am living in

명사를 더 구체적으로 설명하고 싶을 때 사용하는 '명사 + that + 누가 + 어쩐다' 형태에서 that 뒤에 오는 동사(어쩐다)의 시제를 변화함에 따라 다양한 의미를 표현할 수 있어요. 문장 의미에 맞춰 현재, 과거, 진행 시제 등으로 써주면 됩니다.

📱») Step 2 | 단어연결법 익히기

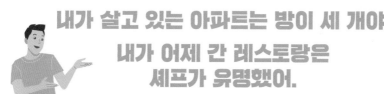

내가 살고 있는 아파트는 방이 세 개야.
내가 어제 간 레스토랑은
셰프가 유명했어.

이시원 선생님과
함께 학습해 보세요.

왕초보탈출 2탄

* 영어 문장은 QR 및 235p에서 확인하세요.

🖥 Step 3 | 다양한 문장으로 단어연결법 훈련하기

01	내가 읽고 있는 책은 재미있어.	**The book that I am reading** is fun.
02	내가 살았던 집은 여기서 가까워.	**The house that I lived in** is near here.
03	그들이 마시는 커피는 향이 정말 좋아.	**The coffee that they drink** smells so good.
04	우리가 가보고 싶은 식당이 곧 오픈해.	**The restaurant that we want to visit** will open soon.
05	그가 작년에 방문했던 나라는 홍콩이야.	**The country that he visited last year** is Hong Kong.
06	그가 듣고 있는 음악은 내 취향이 아니야.	**The music that he is listening to** is not my taste.
07	우리가 주문한 피자가 5시에 올 거야.	**The pizza that we ordered** will come at 5.
08	그들이 보고 있는 다큐멘터리는 역사에 관한 거야.	**The documentary that they are watching** is about history.
09	그들이 어제 봤던 영화는 지루했대.	**The movie that they watched yesterday** was boring.
10	그들이 다니는 헬스장은 시설이 좋아.	**The gym that they go to** has good facilities.

단어연결법 챌린지

DAY
55

that으로 문장 길게 만들기 (3)

📝 **Step 1** | **단어연결법 공식 배우기**

명사 + that + 어쩐다

= ~하는 명사

컵	~하는	가지고 있다	빨대를	빨대가 있는 컵
the cup	+ that	+ has	+ a straw	= the cup that has a straw
컵	~하는	가지고 있다	뚜껑을	뚜껑이 있는 컵
the cup	+ that	+ has	+ a lid	= the cup that has a lid
컵	~하는	가지고 있다	손잡이를	손잡이가 있는 컵
the cup	+ that	+ has	+ a handle	= the cup that has a handle

명사를 더 구체적으로 설명하고 싶을 때 that을 사용해서 나타낼 수 있다고 배웠습니다. 이러한 **that 뒤**에는 '누가 + 어쩐다'라는 형태 외에도 **동사(어쩐다)가 바로 올 수도 있어요.** 앞에 있는 명사를 꾸며 주는 역할은 동일하고, '~하는 명사'라는 의미입니다.

📱 Step 2 | 단어연결법 익히기

10번 반복 🐭 ⬜⬜⬜⬜ ⬜⬜⬜⬜

매일 운동하는 사람들은 건강하다.
영어를 하는 사람들은
쉽게 직업을 찾을 수 있다.

이시원 선생님과
함께 학습해 보세요.

왕초보탈출 2탄

* 영어 문장은 QR 및 235p에서 확인하세요.

🎮 Step 3 | 다양한 문장으로 단어연결법 훈련하기

10번 반복 🐭 ⬜⬜⬜⬜ ⬜⬜⬜⬜

01 난 치즈가 위에 많이 뿌려진 피자를 먹고 싶어.
I want to eat **pizza that has a lot of cheese on it.**

02 난 쇼핑하는 걸 엄청나게 좋아하는 친구가 있어.
I have **a friend that loves to go shopping.**

03 난 주머니가 많이 있는 배낭이 필요해.
I need **a backpack that has many pockets.**

04 난 유리로 만들어진 컵을 사고 싶어.
I want to buy **a cup that is made of glass.**

05 그는 휴대가 간편한 노트북이 필요해요.
He needs **a laptop that is easy to carry.**

06 모자를 쓰고 있는 남자는 내 남동생이야.
The man that is wearing a cap is my younger brother.

07 그 회사에서 일하는 남자가 내 친구야.
The man that works in the company is my friend.

08 규칙적으로 운동하는 사람들은 부지런해.
The people that exercise regularly are diligent.

09 종로로 가는 사람들은 1호선을 타요.
The people that go to Jongno take Line No.1.

10 중국으로 가는 비행기는 7시에 이륙합니다.
The airplane that goes to China takes off at 7.

DAY 56

that으로 문장 길게 만들기 복습 (2)

 Step 1 | **단어연결법 공식 배우기**

명사	+	that	+	어쩐다

= ~하는 명사

사람들	~하는	여기서 일하는 중이다	여기서 일하고 있는 사람들
the people	+ that +	**are working here**	= the people that are working here

사람	~하는	여기서 일하는 중이다	여기서 일하고 있는 사람
the person	+ that +	**is working here**	= the person that is working here

사람	~하는	여기서 일했다	여기서 일했던 사람
the person	+ that +	**worked here**	= the person that worked here

사람	~하는	여기서 일하다	여기서 일하는 사람
the person	+ that +	**works here**	= the person that works here

사람들	~하는	여기서 일하지 않는다	여기서 일하지 않는 사람들
the people	+ that +	**don't work here**	= the people that don't work here

'~하는 명사'라는 의미로 앞에 있는 명사를 꾸며주는 that 뒤에는 동사가 바로 올 수 있다고 배웠습니다. 동사 자리에는 be동사나 일반동사를 쓰면 되고, 이때 동사는 that 앞의 명사와 꼭 수 일치를 해줘야 해요. 문장의 의미에 맞춰 수 일치, 시제, 긍정/부정 형태에 유의하며 연습해 보세요.

Step 2 | 단어연결법 익히기

여기 있는 사람들은 똑똑해요.
여기에 없는 사람들은 배울 수 없어요.

이시원 선생님과
함께 학습해 보세요.

왕초보탈출 2탄

* 영어 문장은 QR 및 235p에서 확인하세요.

Chapter 2

확장 문장 훈련

Step 3 | 다양한 문장으로 단어연결법 훈련하기

01 여기 있었던 남자는 내 남편이에요.
The man that was here is my husband.

02 저기 있는 사람들은 모두 내 친척들이야.
The people that are there are all my relatives.

03 저기 오고 있는 사람이 내 친구야.
The person that is coming over there is my friend.

04 그 식당에서 일하고 있는 사람들은 친절해.
The people that are working at the restaurant are friendly.

05 난 너무 비싸지 않은 노트북을 원해.
I want **a laptop that isn't too expensive**.

06 난 방이 3개인 아파트를 찾고 있어.
I am looking for **the apartment that has three rooms**.

07 난 다양한 디저트가 있는 카페에 가고 싶어.
I want to go to **a café that has various desserts**.

08 난 옆집에 살았었던 사람들을 알아.
I know **the people that lived next door**.

09 난 전 세계를 여행했던 친구가 있어.
I have **a friend that travelled all over the world**.

10 난 단추가 없는 셔츠가 필요해.
I need **a shirt that doesn't have buttons**.

DAY 57

that으로 문장 길게 만들기 (4)

Step 1 | 단어연결법 공식 배우기

명사 + that + can/will + 어쩐다

= ~할 수 있는/~할 명사

사람들		~하는		열심히 노력할 수 있다		열심히 노력할 수 있는 사람들
the people	+	that	+	can try hard	=	the people that can try hard

사람들		~하는		같이 일할 수 있다		같이 일할 수 있는 사람들
the people	+	that	+	can work together	=	the people that can work together

사람들		~하는		열심히 노력할 것이다		열심히 노력할 사람들
the people	+	that	+	will try hard	=	the people that will try hard

사람들		~하는		같이 일할 것이다		같이 일할 사람들
the people	+	that	+	will work together	=	the people that will work together

'~하는 명사'라는 의미로 앞에 있는 명사를 꾸며주는 that 뒤에는 동사가 바로 올 수 있다고 배웠습니다.
이때 동사 앞에 can(~할 수 있다), will(~할 것이다)과 같은 조동사를 붙여서도 말할 수 있어요. 그래서
'~할 수 있는 명사', '~할 명사'라는 의미가 됩니다.

Step 2 | 단어연결법 익히기

우리는 운전할 수 있는 사람들이 필요해요.
우리는 같이 일할 사람들이 필요해요.

이시원 선생님과
함께 학습해 보세요.

왕초보탈출 2탄

* 영어 문장은 QR 및 235p에서 확인하세요.

Step 3 | 다양한 문장으로 단어연결법 훈련하기

01 난 너를 도와줄 수 있는 사람들을 알아.

I know **the people that can help you**.

02 너는 그 일을 할 수 있는 사람이야.

You are **the one that can do the job**.

03 그는 볼링을 칠 수 있는 유일한 남자야.

He is **the only man that can play bowling**.

04 스페인어를 할 수 있는 Mark는 직장을 쉽게 얻었어.

Mark that can speak Spanish got a job easily.

05 우리는 트럭을 운전할 수 있는 사람이 필요해.

We need **the person that can drive a truck**.

06 난 너와 일할 사람을 알아.

I know **the person that will work with you**.

07 난 네 흥미를 끌 뭔가가 있어.

I have **something that will interest you**.

08 난 우리 팀에 합류할 그 남자를 알아.

I know **the man that will join our team**.

09 그는 그녀를 기쁘게 할 뭔가를 갖고 있어.

He has **something that will make her happy**.

10 오늘 우리 집에 올 사람들은 내 친구들이야.

The people that will come to my house today are my friends.

단어연결법 챌린지

DAY 58 who, which로 문장 길게 만들기

📝 Step 1 | 단어연결법 공식 배우기

사람 명사 + who + (누가) + 어쩐다 = 누가 ~하는 사람/~하는 사람

사물 명사 + which + (누가) + 어쩐다 = 누가 ~하는 사물/~하는 사물

사람	~하는	서울에 살다	서울에 사는 사람
the person	+ who +	lives in Seoul	= the person who lives in Seoul

사람	~하는	뉴욕에 살다	뉴욕에 사는 사람
the person	+ who +	lives in New York	= the person who lives in New York

컵	~하는	안에 물이 있다	안에 물이 있는 컵
the cup	+ which +	has water in it	= the cup which has water in it

컵	~하는	위에 뚜껑이 있다	뚜껑이 덮여 있는 컵
the cup	+ which +	has a lid on it	= the cup which has a lid on it

that을 사용해서 명사를 구체적으로 설명하는 것을 연습했습니다. 이러한 that은 앞에 오는 **명사가 '사람'**일 경우에는 **who**, **'사물'**일 경우에는 **which**로 바꿔서 말할 수 있어요. who, which로 바꿔 말해도 의미는 같습니다.

Step 2 단어연결법 익히기

10번 반복

홍콩에 사는 사람들은 중국어를 한다.
도쿄로 가는 비행기가 곧 출발할 겁니다.

이시원 선생님과
함께 학습해 보세요.

왕초보탈출 2탄

* 영어 문장은 QR 및 235p에서 확인하세요.

Step 3 다양한 문장으로 단어연결법 훈련하기

10번 반복

01	나와 같이 일하는 사람들은 친절해.	**The people who work with me** are kind.
02	매일 운동하는 사람들은 건강해.	**The people who work out every day** are healthy.
03	난 컴퓨터 실력이 좋은 남자를 알아.	I know **a man who has good computer skills**.
04	교실의 앞에 앉아 있는 아이가 내 아들이야.	**The child who is sitting at the front of the class** is my son.
05	그는 모든 사람들이 좋아하는 영화배우야.	He is **the actor who everybody likes**.
06	이게 시내로 가는 버스에요.	This is **the bus which goes downtown**.
07	나무로 만들어진 테이블은 비싸요.	**The table which is made of wood** is expensive.
08	지금 진행 중인 프로젝트는 중요해요.	**The project which is working on now** is important.
09	내가 도서관에서 빌린 책은 소설이었어.	**The book which I borrowed from the library** was a novel.
10	우리 엄마가 어제 구운 빵은 맛있었어.	**The bread which my mom baked yesterday** was good.

정도를 표현하는 다양한 방법

📋 **Step 1** | **단어연결법 공식 배우기**

누가 + 어쩐다 + a lot/more/less

= 누가 많이/더/덜 ~한다

나는		~하고 싶다		먹다		많이		나는 많이 먹고 싶어.
I	+	want to	+	eat	+	a lot	=	I want to eat a lot.

나는		~하고 싶다		먹다		더		나는 더 먹고 싶어.
I	+	want to	+	eat	+	more	=	I want to eat more.

나는		~하고 싶다		먹다		덜		나는 덜 먹고 싶어.
I	+	want to	+	eat	+	less	=	I want to eat less.

정도를 표현하는 다양한 단어가 있어요. 동사나 문장 뒤에 써서 **'많이'** 라는 뜻을 갖는 **a lot**, **'더'라는 뜻의 more**, 그리고 **'덜'이라는 뜻의 less**가 있습니다. 이런 more와 less는 동사나 문장 뒤, 명사 앞에 쓸 수 있어요. 그리고 more와 less에 than(~보다)을 함께 쓰면 '~보다 더(많이), ~보다 덜'이라는 의미로 비교하는 표현으로도 사용할 수 있습니다.

🎧 Step 2 | 단어연결법 익히기

10번 반복 ☑ ☐ ☐ ☐ ☐ / ☐ ☐ ☐ ☐ ☐

그는 많이 알아.
나는 그녀보다 더 먹었어.

이시원 선생님과
함께 학습해 보세요.

왕초보탈출 2탄

* 영어 문장은 QR 및 235p에서 확인하세요.

🔗 Step 3 | 다양한 문장으로 단어연결법 훈련하기

10번 반복 ☑ ☐ ☐ ☐ ☐ / ☐ ☐ ☐ ☐ ☐

01 넌 그걸 많이 좋아할 거야.

You will like it **a lot**.

02 그는 항상 말을 많이 해.

He always talks **a lot**.

03 우리는 전자레인지를 많이 사용해.

We use a microwave **a lot**.

04 우리는 너에게 많이 배웠어.

We learned **a lot** from you.

05 난 더 마시고 싶었어.

I wanted to drink **more**.

06 소금을 덜 먹어야 해.

You should eat **less** salt.

07 그는 가족과 더 많은 시간을 보내고
싶어해.

He wants to spend **more** time with
his family.

08 우리는 물을 덜 사용해야 해.

We should use **less** water.

09 난 그것보다는 더 갖고 있어.

I have **more than** that.

10 그는 커피 두 잔보다 덜 마시려고
노력해.

He tries to drink **less than** two cups
of coffee.

DAY

60

알아두면 유용한 패턴 'It is 형용사 + to'

🎯 학습일 ◯월 ◯일

📝 Step 1 | 단어연결법 공식 배우기

It is + 형용사 + to 동사원형

= ~하는 것은 -다

~이다	흥미로운	언어를 공부하는 것	언어를 공부하는 것은 흥미로워.
It is	+ interesting	+ to study language	= It is interesting to study language.
~이다	흥미로운	춤을 배우는 것	춤을 배우는 것은 흥미로워.
It is	+ interesting	+ to learn dance	= It is interesting to learn dance.
~이다	좋은	여기 머무는 것	여기 머무는 것이 좋아.
It is	+ good	+ to stay here	= It is good to stay here.
~이다	좋은	너를 보는 것	너를 보는 것이 좋아.
It is	+ good	+ to see you	= It is good to see you.

37일 차에서 가주어 it에 대해 배웠습니다. 이때 연습한 'It is 형용사 + to부정사' 패턴을 활용하여 '~하는 것은 -다'라고 생각이나 감상을 전달할 수 있어요. 형용사 부분에 생각이나 감상을 나타내는 단어를 쓰고, to부정사 부분에 행동을 나타내는 단어를 쓰면 돼요.

일어나기엔 이르다.
이걸 말하는 게 어색해요.

이시원 선생님과
함께 학습해 보세요.

왕초보탈출 2탄

* 영어 문장은 QR 및 235p에서 확인하세요.

Step 3 | 다양한 문장으로 단어연결법 훈련하기

10번
반복

01	뭔가 새로운 거를 배우는 것은 흥미로워.	**It is interesting to learn** something new.
02	그와 얘기하는 것은 흥미로웠어.	**It was interesting to talk** with him.
03	저녁 먹기에는 너무 일러.	**It is too early to have** dinner.
04	그 노래를 들으니 좋아.	**It is good to hear** the song.
05	휴일에 자전거를 탄 것이 좋았어.	**It was good to ride** bicycles on holiday.
06	너를 다시 만난 것은 너무 좋았어.	**It was awesome to meet** you again.
07	해변에서 쉬는 것은 너무 좋았어.	**It was awesome to relax** on the beach.
08	식당에서 혼자 밥을 먹는 것은 어색해.	**It is awkward to eat alone** in the restaurant.
09	사과하기에는 너무 늦었어.	**It is too late to apologize**.
10	많은 사람들 앞에서 실수하는 것은 당황스러워.	**It is embarrassing to make a mistake** in front of many people.

Chapter 2

확장 문장 훈련

DAY 61
알아두면 유용한 패턴 'It is 형용사 + that'

 Step 1 | **단어연결법 공식 배우기**

It is + 형용사 + that + 누가 + 어쩐다

= 누가 ~하는 것은 -다

~이다	흥미로운	that	그가 여기 있다	그가 여기 있는 게 흥미로워.
It is	+ interesting	+ that	+ he is here	= It is interesting that he is here.

~이다	흥미로운	that	그가 너를 알다	그가 너를 안다는 게 흥미로워.
It is	+ interesting	+ that	+ he knows you	= It is interesting that he knows you.

~이다	좋은	that	네가 여기 있다	네가 여기 있어서 좋아.
It is	+ good	+ that	+ you are here	= It is good that you are here.

~이다	좋은	that	네가 나를 알다	네가 나를 알아서 좋아.
It is	+ good	+ that	+ you know me	= It is good that you know me.

'It is 형용사 + to부정사' 패턴으로 '~하는 것은 -다'라고 말하는 법을 배웠습니다. 여기에 행동하는 대상을 추가하여 **누가 ~하는 것은(해서) -다**라는 의미를 전달할 때는 to 대신 **that**을 사용하면 돼요.

Step 2 | 단어연결법 익히기

10번 반복 ☑ ☐ ☐ ☐ ☐ / ☐ ☐ ☐ ☐

내가 이것을 모르는 게 부끄러워.
그들이 서로 말을 안 하는 게 어색해.

이시원 선생님과
함께 학습해 보세요.

왕초보탈출 2탄

* 영어 문장은 QR 및 235p에서 확인하세요.

Step 3 | 다양한 문장으로 단어연결법 훈련하기

10번 반복 ☑ ☐ ☐ ☐ ☐ / ☐ ☐ ☐ ☐

01	오늘 날씨가 화창해서 좋아.	**It is good that** the weather is sunny today.
02	저희를 도와주셔서 좋았어요.	**It was good that** you helped us.
03	네가 그걸 언급하다니 흥미롭네.	**It is interesting** that you mention it.
04	그들이 그를 도우려고 하는 게 훌륭해.	**It is great that** they are trying to help him.
05	네가 뉴욕에 갈 거라니 멋져.	**It is awesome that** you are going to New York.
06	그가 여기서 일하고 있다니 멋져.	**It is awesome that** he is working here.
07	그녀가 배우가 됐다니 멋져.	**It is awesome that** she became an actress.
08	네가 그와 함께 와서 어색했어.	**It was awkward that** you came with him.
09	그들이 그랬다는 게 당황스러웠어.	**It was embarrassing that** they did so.
10	네가 이걸 몰랐다는 게 당황스러웠어.	**It was embarrassing that** you didn't know this.

DAY 62 알아두면 유용한 표현 make sure

 Step 1 | **단어연결법 공식 배우기**

Make sure + **누가** + **어쩐다**

= **꼭 ~해야 해**

꼭 ~해야 한다		네가		제시간에 오다		너 꼭 제시간에 와야 해.
Make sure	+	**you**	+	**come on time**	=	**Make sure you come on time.**

꼭 ~해야 한다		그가		제시간에 오다		그가 꼭 제시간에 오게 해.
Make sure	+	**he**	+	**comes on time**	=	**Make sure he comes on time.**

꼭 ~해야 한다		그녀가		제시간에 오다		그녀가 꼭 제시간에 오게 해.
Make sure	+	**she**	+	**comes on time**	=	**Make sure she comes on time.**

꼭 ~해야 한다		그들이		제시간에 오다		그들이 꼭 제시간에 오게 해.
Make sure	+	**they**	+	**come on time**	=	**Make sure they come on time.**

꼭 해야 하는 일이나 무엇인가를 당부할 때 '꼭 ~해야 해'라는 의미로 **make sure**라는 표현을 사용해요. You make sure ~ 형태에서 주어 you는 보통 생략되어 많이 쓰이고, make sure 뒤에는 '누가 + 어쩐다'라는 문장이 옵니다.

Step 2 | 단어연결법 익히기

너 문 꼭 닫아야 해.
내일까지 네 일 꼭 끝내야 해.

이시원 선생님과
함께 학습해 보세요.

* 영어 문장은 QR 및 235p에서 확인하세요.

Step 3 | 다양한 문장으로 단어연결법 훈련하기

01 네 방을 꼭 청소하도록 해.
Make sure you clean your room.

02 도착하면 내게 연락하도록 해.
Make sure you contact me when you arrive.

03 하루에 물 8잔을 꼭 마셔.
Make sure you drink 8 glasses of water a day.

04 그가 제한 속도를 꼭 지키게 해.
Make sure he keeps to the speed limit.

05 그가 술 너무 많이 마시지 않게 해.
Make sure he doesn't drink too much.

06 그가 그거 잃어버리지 않도록 해.
Make sure he doesn't lose it.

07 그녀가 작업물을 꼭 저장하게 해.
Make sure she saves her work.

08 그녀가 문을 꼭 잠그게 해.
Make sure she locks the door.

09 그들이 손을 꼭 자주 씻게 해.
Make sure they wash their hands frequently.

10 그들이 나갈 때 불을 꼭 끄고 나가도록 해.
Make sure they turn off the lights when they leave.

Chapter 3.

일상 회화 문장 훈련

· · ·

일상 회화에서 자주 쓰이는 실생활 표현 연습을 하며

자연스러운 영어 말하기가 가능해요.

100일 챌린지 성공이 얼마 남지 않았습니다.

이 챌린지를 밑거름 삼아 꾸준히 반복 훈련한다면

앞으로 자신 있게 영어로 말을 하는 나의 모습을 볼 수 있을 거예요.

단어연결법 챌린지

DAY 63
완료된 일과 경험에 대해 말하기 (1)

📝 **Step 1** | **단어연결법 공식 배우기**

누가 + **have** + **p.p.**

= 누가 이미 ~했다/~해 본 적 있다

나는	다 먹었다	햄버거를	나는 이미 햄버거 다 먹었어.
I	+ have finished	+ a hamburger	= I have finished a hamburger.

그는	다 먹었다	햄버거를	그는 이미 햄버거를 다 먹었어.
He	+ has finished	+ a hamburger	= He has finished a hamburger.

나는	먹어 본 적 있다	이 음식을	나는 이 음식을 먹어 본 적 있어.
I	+ have tried	+ this food	= I have tried this food.

그녀는	먹어 본 적 있다	이 음식을	그녀는 이 음식을 먹어 본 적 있어.
She	+ has tried	+ this food	= She has tried this food.

현재완료 시제는 **have + p.p.**의 형태로 '이미 ~했다'라는 완료의 의미와 '~해 본 적 있다'라는 경험의 의미가 있어요. 여기서 p.p.는 과거분사입니다. 주어가 3인칭 단수일 때 have는 has가 되고, '아직 ~안 했다', '~해 본 적 없다'라는 뜻의 **부정문**은 **have/has not p.p. 형태**로 써요. 이때 have not은 haven't로 has not은 hasn't로 줄여서 쓸 수 있습니다.

🔊 Step 2   단어연결법 익히기

나 열쇠를 이미 받았어.
나 여기서 일한 적 있어.

이시원 선생님과
함께 학습해 보세요.

왕초보탈출 3단

* 영어 문장은 QR 및 236p에서 확인하세요.

🎧 Step 3   다양한 문장으로 단어연결법 훈련하기

01 나 점심 먹었어.   I **have had** lunch.

02 그녀는 일을 끝냈어.   She **has finished** her work.

03 그 회사는 신제품을 출시했어요.   The company **has launched** a new product.

04 그는 저 책을 안 읽었어.   He **hasn't read** that book.

05 우리는 방 청소를 안 했어.   We **haven't cleaned** our room.

06 나 파리에 가 본 적 있어.   I **have been** to Paris.

07 난 그 감독의 영화를 본 적 있어.   I **have seen** the director's movie.

08 우리는 이 노래 들어본 적 있어.   We **have heard** this song.

09 난 유럽에 가 본 적이 없어.   I **haven't been** to Europe.

10 그는 Tom을 만난 적이 없어.   He **hasn't met** Tom.

완료된 일과 경험에 대해 질문하기

🖢 **Step 1** | **단어연결법 공식 배우기**

[Have] + [누가] + [p.p. ~?]

= 누가 ~했어?/~해 본 적 있어?

Have	너는	다 먹었다	네 식사를	너 식사 다 했어?
Have +	**you** +	**finished** +	**your meal** =	**Have you finished your meal?**

Has	그녀는	다 먹었다	그녀의 식사를	그녀는 식사 다 했어?
Has +	**she** +	**finished** +	**her meal** =	**Has she finished her meal?**

Have	너는	먹어 본 적 있다	이것을	너 이거 먹어 본 적 있어?
Have +	**you** +	**tried** +	**this** =	**Have you tried this?**

Have	그들은	먹어 본 적 있다	이것을	그들은 이거 먹어 본 적 있어?
Have +	**they** +	**tried** +	**this** =	**Have they tried this?**

'~했어?', '~해 본 적 있어?'와 같이 현재완료 시제로 질문할 때는 **have/has와 주어의 위치를 바꿔서** 질문합니다.

🔊 Step 2 단어연결법 익히기

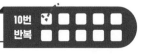
10번 반복

너 이런 거 본 적 있어?
차를 사는 거 생각해 본 적 있어?

이시원 선생님과
함께 학습해 보세요.

왕초보탈출 3탄

* 영어 문장은 QR 및 236p에서 확인하세요.

👥 Step 3 다양한 문장으로 단어연결법 훈련하기

10번 반복

01 그에게 소식 들었어?
Have you heard from him?

02 너 새 차 샀어?
Have you bought a new car?

03 그녀는 프로젝트를 끝냈어?
Has she finished her project?

04 그는 공항에 도착했어?
Has he arrived at the airport?

05 너희 전공 정했어?
Have you decided on your major?

06 너 그리스 음식 먹어 본 적 있어?
Have you tried Greek food?

07 너 다른 나라에서 살아본 적 있어?
Have you lived in other countries?

08 너 제주로 이사 가는 것에 대해 생각해 봤어?
Have you thought about moving to Jeju?

09 그는 차 빌려 본 적 있어?
Has he rented a car?

10 너희는 스카이다이빙 해 본 적 있어?
Have you tried skydiving?

DAY 65

완료된 일과 경험에 대해 말하기 (2)

📋 Step 1 | 단어연결법 공식 배우기

누가 + **have been** + **형용사/명사/장소**

= **누가 ~이었다/~에 있었다**

나는	~이었다	신이 난	난 계속 신이 났어요.
I +	**have been** +	**excited**	= I have been excited.

그것은	~이었다	문제	그것은 쭉 문제였어.
It +	**has been** +	**a problem**	= It has been a problem.

그녀는	~있었다	여기에	그녀는 여기에 쭉 있었어.
She +	**has been** +	**here**	= She has been here.

'~이다', '~에 있다'라는 뜻을 가진 **be동사의 현재완료형**은 be동사의 p.p. 형태인 **been**을 사용하여 have/has been 형태로 말하면 돼요. 이러한 be동사의 현재완료형은 '**과거에 시작된 일이 현재까지 지속되고 있다**'는 의미를 나타냅니다. be동사가 쓰었을 때 부정문노 have/has 뒤에 not을 붙여주면 돼요.

Step 2 | 단어연결법 익히기

10번 반복 ☑️ ⬜⬜⬜⬜ ⬜⬜⬜⬜

계속 추웠어요.
나는 쭉 좋은 엄마였다.

이시원 선생님과
함께 학습해 보세요.

왕초보탈출 3탄

* 영어 문장은 QR 및 236p에서 확인하세요.

Step 3 | 다양한 문장으로 단어연결법 훈련하기

10번 반복 ☑️ ⬜⬜⬜⬜ ⬜⬜⬜⬜

01 나는 하루 종일 바빴어.

I **have been busy** all day.

02 나 미국에 한 번 가 본 적 있어.

I **have been to the U.S.** once.

03 너 어떻게 지냈어?

How have you been?

04 너 캐나다에 가 본 적 있어?

Have you been to Canada?

05 그녀는 여기 왔던 적 없어.

She **hasn't been here**.

06 그는 2년 동안 쭉 나의 영어 선생님
이었어.

He **has been my English teacher**
for 2 years.

07 우리는 어린 시절부터 쭉 친구였어.

We **have been friends** since
childhood.

08 우리는 요즘 잘 지내고 있지 않아.

We **haven't been good** these days.

09 그들은 결혼한 지 10년 되었어요.

They **have been married** for 10
years.

10 이 책은 몇 주 동안 베스트셀러에
올랐어요.

This book **has been on the
bestseller list** for weeks.

단어연결법 챌린지

DAY 66

have를 활용한 현재완료 시제 복습

☑️ **Step 1** | **단어연결법 공식 배우기**

누가 + have + p.p = 누가 이미 ~했다/~해 본 적 있다

누가 + have been + 형용사/명사/장소 = 누가 ~이었다/~에 있었다

나는	이미 시작했다	저녁 식사를	난 저녁 식사를 이미 시작했어.
I	+ have started	+ dinner	= I have started dinner.

그는	이미 시작했다	저녁 식사를	그는 저녁 식사를 이미 시작했어.
He	+ has started	+ dinner	= He has started dinner.

우리는	가 본 적 있다	파리에	우리는 파리에 가 본 적 있어.
We	+ have been	+ to Paris	= We have been to Paris.

그녀는	가 본 적 있다	파리에	그녀는 파리에 가 본 적 있어.
She	+ has been	+ to Paris	= She has been to Paris.

이번 차시에서는 현재완료 시제를 복습해 보겠습니다. '이미 ~했다', '~해 본 적 있다'라는 뜻의 현재완료 시제는 have + p.p. 이고, p.p. 자리에는 일반동사와 be동사가 모두 올 수 있어요. 부정문 haven't/hasn't p.p.와 의문문 'Have/Has + 누가 + p.p.?' 형태를 기억하며 연습해 보세요.

📱» Step 2 | 단어연결법 익히기

너 이메일 이미 보냈어?
나 여기 온 적 있어요.

이시원 선생님과
함께 학습해 보세요.

왕초보탈출 3탄

* 영어 문장은 QR 및 236p에서 확인하세요.

🔊 Step 3 | 다양한 문장으로 단어연결법 훈련하기

01 난 그것들 모두 확인했어.
I **have checked** them all.

02 난 중국어 공부해 본 적 있어.
I **have studied** Chinese.

03 난 아직 내 일 못 끝냈어.
I **haven't finished** my work.

04 그는 자신의 사업을 하기로 결정했어.
He **has decided** to start his own business.

05 너 그것에 대해 들어본 적 있어?
Have you heard of it?

06 나는 최근에 가족들과 일본에 가 본 적 있어.
I **have been** to Japan with my family recently.

07 우리는 시험 스트레스로 피곤했어요.
We **have been tired** because of the stress of exams.

08 그들은 축제로 인해 신나 있어요.
They **have been excited** about the festival.

09 그 프로젝트는 큰 성공을 거두지 못했어.
The project **hasn't been a great success**.

10 여기 오래 계셨어요?
Have you been here long?

단어연결법 챌린지

DAY 67

과거부터 현재까지 진행 중인 일 말하기 (1)

📝 **Step 1** | 단어연결법 공식 배우기

누가 + have been + 동사ing

= 누가 계속 ~해왔다

나는		계속 공부해왔다		영어를		난 영어를 계속 공부해왔어.
I	+	**have been studying**	+	**English**	=	**I have been studying English.**

그는		계속 공부해왔다		영어를		그는 영어를 계속 공부해왔어.
He	+	**has been studying**	+	**English**	=	**He has been studying English.**

그녀는		계속 공부해왔다		영어를		그녀는 영어를 계속 공부해왔어.
She	+	**has been studying**	+	**English**	=	**She has been studying English.**

그들은		계속 공부해왔다		영어를		그들은 영어를 계속 공부해왔어.
They	+	**have been studying**	+	**English**	=	**They have been studying English.**

과거에 시작해서 지금도 여전히 진행 중인 상황을 이야기할 때 '계속 ~해왔다'는 뜻으로 **현재완료 진행형**을 사용해요. 현재완료 시제도 과거에 시작한 일이 현재까지 지속되고 있음을 나타내지만, 현재완료 진행 시제는 현재까지 진행 중인 일을 좀 더 강조해 준다는 것에 차이가 있어요. 그리고 현재완료 진행형은 since(~부터, ~이후로), for(~동안)와 함께 써서 구체적인 시기를 나타낼 수 있어요.

나 여기에서 5년 동안 계속 살았어요.
나는 요가를 쭉 해왔어.

이시원 선생님과
함께 학습해 보세요.

왕초보탈출 3탄

* 영어 문장은 QR 및 236p에서 확인하세요.

🧑‍🤝‍🧑 **Step 3** | **다양한 문장으로 단어연결법 훈련하기**

10번 반복

01 난 2014년부터 서울에서 살고 있어.
I **have been living** in Seoul since 2014.

02 난 한 달에 한 번 부산에 가고 있어.
I **have been going** to Busan once a month.

03 난 이 노트북을 계속 사용해 오고 있어.
I **have been using** this laptop.

04 넌 계속 그를 기다려오고 있어.
You **have been waiting** for him.

05 그녀는 어린 시절부터 피아노를 연주해 왔어.
She **has been playing** the piano since childhood.

06 그는 새로운 프로젝트를 준비해 왔어.
He **has been preparing** for the new project.

07 그녀는 영어를 10년 동안 가르쳐 오고 있어.
She **has been teaching** English for 10 years.

08 그는 홍콩에서 5년 동안 일해오고 있어.
He **has been working** in Hong Kong for 5 years.

09 그들은 7월부터 유럽 여행을 하고 있어.
They **have been traveling** in Europe since July.

10 하루 종일 눈이 내리고 있어.
It **has been snowing** all day.

Chapter 3

일상 회화 문장 훈련

DAY 68

과거부터 현재까지 진행 중인 일 말하기 (2)

📝 **Step 1** | 단어연결법 공식 배우기

명사 + that + 누가 + have been + 동사ing

= 누가 계속 ~해 온 명사

제품	~하는	내가	계속 사용해왔다	내가 계속 사용해 온 제품
the product	+ that +	I	+ have been using	= the product that I have been using

제품	~하는	그가	계속 사용해왔다	그가 계속 사용해 온 제품
the product	+ that +	he	+ has been using	= the product that he has been using

제품	~하는	우리가	계속 사용해왔다	우리가 계속 사용해 온 제품
the product	+ that +	we	+ have been using	= the product that we have been using

지난 52일 차에서 명사를 더 구체적으로 설명할 때 that을 쓸 수 있다고 배웠습니다. 그래서 '~하는 명사'라는 의미가 되는데, 이러한 **that 뒤에 '계속 ~해왔다'를 뜻하는 현재완료 진행형을 사용해서 '누가 계속 ~해 온 명사'**라는 뜻을 나타낼 수 있어요. 이때, '명사 + that'을 what(~하는 것)으로 바꿔 표현할 수 있습니다. 예를 들어 what(= the product that) I have been using' 이렇게요.

Step 2 단어연결법 익히기

10번 반복

 이건 내가 그동안 쭉 써왔던 도구야.
이게 내가 계속 생각해왔던 거야.

이시원 선생님과
함께 학습해 보세요.

왕초보탈출 3탄

*영어 문장은 QR 및 236p에서 확인하세요.

Step 3 다양한 문장으로 단어연결법 훈련하기

10번 반복

01 이건 내가 오랫동안 기다려 왔던 기회야.

This is **the chance that I have been waiting for a long time**.

02 이건 내가 평생을 기다려 왔던 순간 이야.

This is **the moment that I have been waiting for all my life**.

03 이게 내가 지난주부터 찾고 있었던 책이야.

This is **the book that I have been looking for since last week**.

04 내가 기다려온 사람이 너야.

The person that I have been waiting for is you.

05 우리가 판매해 온 제품들은 품질이 좋아요.

The products that we have been selling are good.

06 그는 준비해 온 프로젝트를 발표할 거야.

He will announce **the project that he has been preparing**.

07 이 노래는 우리가 계속 들어오고 있는 거야.

This song is **what we have been listening to**.

08 이 비타민은 작년부터 우리가 먹고 있는 거야.

This vitamin is **what we have been taking since last year**.

09 이 노트북은 내가 계속 사용해 오고 있는 거야.

This laptop is **what I have been using**.

10 일본어는 내가 계속 공부하고 있던 거예요.

Japanese is **what I have been studying**.

단어연결법 챌린지

DAY
69

where, who, which로
문장 길게 만들기

📝 **Step 1** | **단어연결법 공식 배우기**

장소 명사 + **where** + 누가 + 어쩐다 = 누가 ~하는 장소

사람 명사 + **who** + (누가) + 어쩐다 = ~하는 사람

사물 명사 + **which** + (누가) + 어쩐다 = 누가 ~하는 사물

회사	~하는	내가 일하고 있다	내가 일하고 있는 회사
the company	+ where +	I am working	= the company where I am working

사람들	~하는	나를 이해할 수 있다	나를 이해할 수 있는 사람들
the people	+ who +	can understand me	= the people who can understand me

차	~하는	내가 집에 두고 왔다	내가 집에 두고 온 차
the car	+ which +	I left at home	= the car which I left at home

지난 58일 차에서 that 앞에 오는 명사가 '사람'일 때는 who, '사물'일 경우에는 which로 바꿔서 말할 수 있다고 배웠습니다. 이번 차시에서는 **앞에 오는 명사가 '장소'일 때 where**로 바꿔서 말하는 연습을 추가로 해보겠습니다. who, which 뒤에는 동사가 바로 오거나 '누가 + 어쩐다'가 올 수 있지만 where 뒤에는 '누가 + 어쩐다' 형태만 올 수 있어요.

Step 2 | 단어연결법 익히기

10번 반복

**여기는 우리가 내일 만날 장소야.
나는 영어를 할 수 있는 사람들이 필요해.**

이시원 선생님과
함께 학습해 보세요.

* 영어 문장은 QR 및 236p에서 확인하세요.

Step 3 | 다양한 문장으로 단어연결법 훈련하기

10번 반복

01 내가 다녔던 대학은 밴쿠버에 있어.
The university where I went is in Vancouver.

02 내가 홍콩에서 머무르고 있는 호텔은 좋아.
The hotel where I am staying in Hong Kong is good.

03 여기는 내가 매일 가는 공원이야.
This is **the park where I go every day**.

04 여기는 우리가 화상 회의를 할 수 있는 회의실이야.
This is **the meeting room where we can have a video conference**.

05 나 피아노를 잘 치는 네 친구 알아.
I know **your friend who plays the piano well**.

06 그는 나를 도와준 사람이야.
He is **the person who helped me**.

07 그는 항상 일찍 출근하는 동료야.
He is **the colleague who always arrives early to work**.

08 내가 어제 산 향수는 내 친구를 위한 거야.
The perfume which I bought yesterday is for my friend.

09 난 강남으로 가는 버스를 탈 거야.
I am taking **the bus which is going to Gangnam**.

10 이건 우리가 점심으로 먹을 샌드위치야.
This is **the sandwich which we are having for lunch**.

단어연결법 챌린지

DAY 70 일반동사와 be동사 복습

📝 Step 1 단어연결법 공식 배우기

누가 + 어쩐다 + 무엇을 = 누가 ~하다

누가 + be동사 + 형용사/명사/장소 = 누가 ~다/~에 있다

나는	마신다	커피를	나는 커피를 마셔.
I	+ drink	+ coffee	= I drink coffee.

나는	마셨다	커피를	나는 커피를 마셨어.
I	+ drank	+ coffee	= I drank coffee.

나는	마실 것이다	커피를	나는 커피를 마실 거야.
I	+ will drink	+ coffee	= I will drink coffee.

(날씨는)	춥다	추워.
It	+ is cold	= It is cold.

(날씨는)	추웠다	추웠어.
It	+ was cold	= It was cold.

(날씨는)	추울 것이다	추울 거야.
It	+ will be cold	= It will be cold.

일반동사와 be동사를 시제별로 입에서 바로 바로 나올 수 있도록 훈련하는 것은 중요해요. '누가 + 어쩐다'라는 문장의 기본 형태를 생각하면서 의미에 맞는 동사를 사용하여 시제에 맞게 말하는 연습을 해보세요.

Step 2 | 단어연결법 익히기

10번 반복

**나 그거 마셨거든,
근데 그게 커피가 아니었어.
나 그거 먹었는데, 맛이 없었어.**

이시원 선생님과
함께 학습해 보세요.

왕초보탈출 3탄

* 영어 문장은 QR 및 236p에서 확인하세요.

Step 3 | 다양한 문장으로 단어연결법 훈련하기

10번 반복

01 나는 헬스장에서 매일 운동해. — I **work out** every day at the gym.

02 우리는 어젯밤에 함께 저녁 먹었어. — We **had** dinner together last night.

03 그들은 아무 말도 안 할 거야. — They **won't say** anything.

04 나 언니랑 영화 봤어. — I **saw** a movie with my sister.

05 그는 한 달 동안 제주에 산 적 있어. — He **has lived** in Jeju for a month.

06 오늘 날씨 너무 좋다. — The weather **is so nice** today.

07 그녀는 지금 집에 없어요. — She **is not at home** now.

08 우리는 작년에 고등학생이었어. — We **were high school students** last year.

09 그들은 10분 안에 떠날 준비가 될 거야. — They **will be ready** to leave in ten minutes.

10 그 식당은 일요일에 열지 않을 거야. — The restaurant **won't be open** on Sundays.

DAY 71
주어가 어떤 일을 당하는 것 나타내기

🎯 학습일 ◯ 월 ◯ 일

📝 **Step 1** | **단어연결법 공식 배우기**

| be | + | p.p. | + | (by 누가) |

= (누구에 의해) ~되어진다

| 이것은 | 불려진다 | 컵이라고 | | 이건 컵이라고 불려져. |
| This | + is called | + a cup | = | This is called a cup. |

| 이것은 | 불려진다 | 시계라고 | | 이건 시계라고 불려져. |
| This | + is called | + a watch | = | This is called a watch. |

| 이것은 | 불려진다 | 팀워크라고 | | 이건 팀워크라고 불려져. |
| This | + is called | + teamwork | = | This is called teamwork. |

주어가 어떤 일을 스스로 하는 것을 '능동태', (다른 것에 의해) 어떤 일을 당하는 것, 되어지는 것을 '수동태'라고 합니다. 수동태의 기본 형태는 **be + p.p.** 이고, '**~되어진다**'라는 의미입니다. '~에 의해'라는 뜻의 전치사 by와 함께 써서 '누구에 의해 ~되어지다'라고 말할 수 있어요. 과거시제 수동태는 be동사의 과거형으로 나타내면 됩니다.

Step 2 | 단어연결법 익히기

이건 일본에서 만들어졌어.
너는 많은 사람들에게 사랑을 받았어.

이시원 선생님과
함께 학습해 보세요.

왕초보탈출 3탄

＊영어 문장은 QR 및 236p에서 확인하세요.

Step 3 | 다양한 문장으로 단어연결법 훈련하기

01 저 책은 다 나갔어요.

That book **is sold out**.

02 한국의 알파벳은 한글이라고 불려요.

The Korean alphabet **is called** Hangeul.

03 호텔 객실은 매일 청소됩니다.

The hotel room **is cleaned** every day.

04 옷이 의자 위에 쌓여 있어요.

The clothes **are piled** on the chair.

05 빵은 매일 아침 구워집니다.

The bread **is baked** every morning.

06 난 1991년에 태어났어.

I **was born** in 1991.

07 내 가방 도둑맞았어.

My bag **was stolen**.

08 난 그 뉴스에 놀랐어.

I **was surprised** at the news.

09 그건 요리를 위해 사용됐어.

It **was used** for cooking.

10 이 장난감은 아이들을 위해 만들어졌어.

This toy **was made** for kids.

DAY 72
지금 당하고 있는 & 미래에 당할 일 나타내기

 Step 1 | **단어연결법 공식 배우기**

be + **being** + **p.p** + **(by 누가)** = (누구에 의해) ~되어지고 있다

will be + **p.p** + **(by 누가)** = (누구에 의해) ~되어질 것이다

이것은		만들어지고 있다		이것은 만들어지고 있어.
This	+	**is being made**	=	This is being made.

이것은		사용되어지고 있다		이것은 사용되어지고 있어.
This	+	**is being used**	=	This is being used.

이것은		만들어질 것이다		이것은 만들어질 거야.
This	+	**will be made**	=	This will be made.

이것은		사용되어질 것이다		이것은 사용되어질 거야.
This	+	**will be used**	=	This will be used.

수동태의 기본 형태인 '~되어진다'를 '~되어지고 있다'라는 수동태 진행형으로 쓸 수 있어요. **be**와 **p.p.** 사이에 **being**을 넣어주면 돼요. 그리고 '~되어질 것이다'라는 뜻의 미래시제 수동태는 **will be + p.p.** 형태로 씁니다.

🔊 Step 2 | 단어연결법 익히기

10번 반복

이것은 팔리고 있다.
이것은 팔릴 것이다.

이시원 선생님과
함께 학습해 보세요.

왕초보탈출 3탄

* 영어 문장은 QR 및 236p에서 확인하세요.

Step 3 | 다양한 문장으로 단어연결법 훈련하기

10번 반복

01 내 차는 수리되고 있어.

My car **is being repaired**.

02 보고서는 팀장님에 의해 검토되고 있어요.

The report **is being reviewed** by the team leader.

03 새 아파트들이 지어지고 있어.

New apartments **are being built**.

04 콘서트 티켓은 온라인으로 판매되고 있어요.

The concert tickets **are being sold** online.

05 쿠키가 오븐에서 구워지고 있어요.

The cookies **are being baked** in the oven.

06 이 책은 곧 출판될 거야.

This book **will be published** soon.

07 이 문제는 곧 해결될 거야.

This problem **will be solved** soon.

08 그건 2026년에 완성될 거야.

It **will be completed** in 2026.

09 그건 회의에서 논의될 거야.

It **will be discussed** at the meeting.

10 신제품은 다음 달에 대중에게 공개될 거야.

The new product **will be released** to the public next month.

DAY 73

'~되어져 왔다' 말하기

📋 Step 1 | 단어연결법 공식 배우기

have been + **p.p.** + **(by 누가)**

= (누구에 의해) ~되어져 왔다/이미 ~되어졌다

이것은		사용되어져 왔다		이것은 사용되어져 왔어.
This	+	has been used	=	This has been used.

이것은		생산되어져 왔다		이것은 생산되어져 왔어.
This	+	has been produced	=	This has been produced.

이것은		불려져 왔다		이것은 불려져 왔어.
This	+	has been called	=	This has been called.

현재완료 시제와 수동태를 함께 쓰면 **have been + p.p.** 형태로 '**~되어져 왔다, 이미 ~되어졌다**'라는 의미가 됩니다. already(이미), recently(최근에), yet(아직) 등을 사용해서 현재완료 수동태의 의미를 더 잘 나타낼 수 있어요.

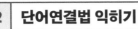 **Step 2** | 단어연결법 익히기

 10번 반복

앨범이 나왔다.
제 이름이 아직 안 불렸어요.

이시원 선생님과
함께 학습해 보세요.

왕초보탈출 3탄

*영어 문장은 QR 및 236p에서 확인하세요.

Step 3 | 다양한 문장으로 단어연결법 훈련하기

 10번 반복

01 나는 Ellen에게 영어를 배워왔다.
I **have been taught** English by Ellen.

02 그 안건은 2시간 동안 논의됐다.
The agenda **has been discussed** for 2 hours.

03 그 차는 독일에서 만들어져왔어.
The car **has been made** in Germany.

04 그 소설은 작년부터 판매되어 왔다.
The novel **has been sold** since last year.

05 이 집은 최근에 지어졌어.
This house **has been built** recently.

06 회의 일정이 아직 잡히지 않았어요.
The meeting **hasn't been scheduled** yet.

07 그는 아직 돈을 받지 못했어.
He **hasn't been paid** yet.

08 내 프로젝트 아직 안 끝났어.
My project **hasn't been finished** yet.

09 그건 아직 마무리되지 않았어.
It **hasn't been finished** yet.

10 택배가 아직 배송되지 않았어.
The package **hasn't been delivered** yet.

DAY 74

수동태 활용하기

📝 Step 1 │ 단어연결법 공식 배우기

Be + 주어 + p.p. + (by 누가)? = ~되어져 왔어/이미 ~되어졌니?

명사 + that + be + p.p = ~되어진 명사

~이니	이것은	만들어진	과일로	이것은 과일로 만들어져?
Is	+ this	+ made	+ with fruits	= Is this made with fruits?

~이니	이것은	만들어진	야채로	이것은 야채로 만들어져?
Is	+ this	+ made	+ with vegetables	= Is this made with vegetables?

주스	~하는	과일로 만들어진	과일로 만들어진 주스
the juice	+ that	+ is made with fruits	= the juice that is made with fruits

주스	~하는	야채로 만들어진	야채로 만들어진 주스
the juice	+ that	+ is made with vegetables	= the juice that is made with vegetables

---

수동태 문장을 의문문으로 만들 때는 be동사를 주어 앞으로 보내면 돼요. 문장 의미에 맞게 be동사의 시제를 써주면 됩니다. 그리고 문장 앞에 붙어서 '~하다'를 '~하는'으로 바꿔주는 that을 수동태와 연결해서 활용할 수 있으니 연습해 보세요.

Step 2 단어연결법 익히기

10번 반복

이거 치즈로 만들어져요?
이것은 중국에서 생산되었던 전화입니다.

이시원 선생님과
함께 학습해 보세요.

왕초보탈출 3탄

* 영어 문장은 QR 및 237p에서 확인하세요.

Step 3 다양한 문장으로 단어연결법 훈련하기

10번 반복

01 이건 아이용으로 만들어지나요? **Is this made** for kids?

02 이 컵은 그에 의해 깨진 거야? **Was this cup broken** by him?

03 버스 정류장은 학교 앞에 있어? **Is the bus stop located** in front of the school?

04 네 핸드폰은 수리된 거야? **Was your cell phone repaired**?

05 그 책은 유명한 작가에 의해 쓰였어? **Was the book written** by the famous author?

06 이게 우리 엄마에 의해 자주 사용되는 조리법이야. This is **the recipe that is often used** by my mom.

07 이게 100% 순면으로 만들어지는 셔츠야. This is **the shirt that is made of 100% pure cotton**.

08 난 과일과 채소로 만들어지는 주스를 매일 마셔. I drink **the juice that is made with fruits and vegetables** every day.

09 이게 1980년에 출판된 책이야. This is **the book that was published in 1980**.

10 난 벨기에산 초콜릿을 먹어 봤어. I tried **chocolate that was made in Belgium**.

단어연결법 챌린지

DAY 75

that과 be동사 생략하기 (1)

☑️ **Step 1** 단어연결법 공식 배우기

명사 + (that + be) + p.p.

= ~되어진 명사

책	(that + be)	쓰여진	영어로	영어로 쓰여진 책
the book	+ (that was)	+ written	+ in English	= the book written in English

책	(that + be)	출판된	영어로	영어로 출판된 책
the book	+ (that was)	+ published	+ in English	= the book published in English

책	(that + be)	판매된	한국에서	한국에서 판매된 책
the book	+ (that was)	+ sold	+ in Korea	= the book sold in Korea

지난 시간에 that을 수동태와 연결해서 that + be + p.p. 형태로 앞에 있는 명사를 꾸며주는 것을 연습했습니다. 이때, **that과 be동사를 생략해서 말할 수 있어요.** '**~되어진 명사**'라는 뜻이고, that 뒤의 be동사는 상황의 시제에 맞게 써주면 됩니다.

Step 2 단어연결법 익히기

10번
반복

이것은 일본어로 쓰여진 책입니다.
이것은 나를 위해서
디자인된 셔츠입니다.

이시원 선생님과
함께 학습해 보세요.

왕초보탈출 3탄

* 영어 문장은 QR 및 237p에서 확인하세요.

Step 3 다양한 문장으로 단어연결법 훈련하기

10번
반복

01 난 어제 도난당한 지갑을 찾아야 해.

I must find **my wallet (that was) stolen yesterday**.

02 그녀는 그 디자이너가 디자인한 가방을 사고 싶어 해.

She wants to buy **a bag (that was) designed by the designer**.

03 우리는 한국어로 쓰여진 설명서가 필요해.

We need **the manual (that was) written in Korean**.

04 우리 엄마가 해주신 식사는 아주 맛있었어요.

The meal (that was) cooked by my mom was very good.

05 그건 유명 작곡가에 의해 쓰여진 노래야.

It is **a song (that was) written by a famous composer**.

06 그건 처음으로 리메이크된 영화야.

It is **a movie (that was) remade** for the first time.

07 이건 무료로 주어졌던 펜이야.

This is **the pen (that was) given for free**.

08 이건 중국에서 제조되는 제품이야.

This is **the product (that is) manufactured in China**.

09 이게 그 유명한 제과점에서 판매되는 케이크야.

This is **the cake (that is) sold in the famous bakery**.

10 이게 10년 전에 지어진 아파트야.

This is **the apartment (that was) built 10 years ago**.

DAY 76

단어연결법 챌린지

🎯 학습일 ◯ 월 ◯ 일

that으로 문장 길게 만들기 (5)

📝 **Step 1** | 단어연결법 공식 배우기

명사 + that + 누가 + have been 동사ing = 누가 계속 ~해 온 명사

명사 + that + (누가) + have been + p.p = 계속 ~되어 왔던 명사

프로젝트	~하는	내가	계속 작업해 오다	내가 계속 작업해 온 프로젝트
the project	+ that +	I	+ have been working on	= the project that I have been working on

프로젝트	~하는	내가	계속 준비해 온	내가 계속 준비해 온 프로젝트
the project	+ that +	I	+ have been preparing	= the project that I have been preparing

어떤 것	~하는	내가	계속 들어왔다	내가 계속 들어왔던 것
the something	+ that +	I	+ have been told	= the something that I have been told

어떤 것	~하는	내가	계속 사용해왔다	내가 계속 사용해왔던 깃
the something	+ that +	I	+ have been used	= the something that I have been used

앞서 that 뒤에 오는 다양한 형태에 따라 앞에 있는 명사를 꾸며주는 것을 연습했습니다. 이번 시간에는 that 뒤에 현재완료 진행형과 현재완료 수동태를 써서 '계속 ~해 온', '계속 ~되어 왔던'이라는 뜻을 지닌 문장을 연습해 보겠습니다.

이게 내가 계속 기다린 거야.
이건 내가 계속 들었던 거야.

이시원 선생님과
함께 학습해 보세요.

* 영어 문장은 QR 및 237p에서 확인하세요.

Step 3 | 다양한 문장으로 단어연결법 훈련하기 | 10번 반복 ☑☐☐☐☐

01 내가 계속 찾으려고 했던 책이 이거야.
The book that I have been trying to find is this.

02 그녀가 우리에게 말해온 이야기는 그녀의 가족에 대한 거야.
The story that she has been telling us is about her family.

03 이건 내가 계속 너를 설득해 왔던 거야.
This is **something that I have been persuading you with**.

04 그 질문은 내가 계속 물어 왔던 거야.
The question is **something that I have been asking**.

05 그 향수는 내가 계속 사용해 왔던 거야.
The perfume is **something that I have been using**.

06 이건 우리가 계속 들어왔던 소문이야.
This is **the rumor that we have been told**.

07 이건 내가 그에게 계속 받아왔던 거야.
This is **something that I have been given by him**.

08 이건 그가 많은 사람들에게 받아왔던 질문이에요.
This is **the question that he has been asked by many people**.

09 이건 많은 사람들에게 사랑받아 온 영화예요.
This is **the movie that has been loved by many people**.

10 이건 우리 엄마가 만드신 스웨터예요.
This is **the sweater that has been made by my mom**.

단어연결법 챌린지

DAY 77
that과 be동사 생략하기 (2)

📝 **Step 1** | 단어연결법 공식 배우기

명사 + **(that + be)** + **동사ing**

= ~하는, ~하고 있는 명사

사람들	(that + be)	기다리는	밖에서	밖에서 기다리는 사람들
the people	+ **(that are)**	+ **waiting**	+ **outside**	= **the people waiting outside**

사람들	(that + be)	살고 있는	여기서	여기서 살고 있는 사람들
the people	+ **(that are)**	+ **living**	+ **here**	= **the people living here**

사람들	(that + be)	일하고 있는	여기서	여기서 일하고 있는 사람들
the people	+ **(that are)**	+ **working**	+ **here**	= **the people working here**

75일 차에서 that과 be동사를 생략하여 '명사 + (that + be) + p.p. 형태로 말하는 것을 배웠습니다. that 뒤에 'be + 동사ing' 형태의 진행형이 올 때에도 **that과 be동사를 생략해서 말할 수 있어요.** 그래서 '**~하는, ~하고 있는 명사**'라는 의미가 됩니다. 앞에 오는 명사가 '사람'이라면 that 대신 who를 쓸 수 있고, 동일하게 생략할 수 있어요. that 뒤의 be동사는 상황의 시제에 맞게 써주면 됩니다.

Step 2 단어연결법 익히기

10번 반복 □□□□□ □□□□□

저는 여기서 일하는 사람들을 알아요.
나는 개가 여기 밑에 들어가는 걸 봤어요.

이시원 선생님과
함께 학습해 보세요.

왕초보탈출 3탄

＊ 영어 문장은 QR 및 237p에서 확인하세요.

Step 3 다양한 문장으로 단어연결법 훈련하기

10번 반복 □□□□□ □□□□□

01 나는 영어를 가르치는 친구가 있어.
I have **a friend (who is) teaching English**.

02 나는 영국에서 공부하는 친구가 있어.
I have **a friend (who is) studying in the UK**.

03 그녀는 운동하고 있는 그를 봤어.
She saw **him (who is) working out**.

04 우리는 용산으로 가는 버스를 타야 해.
We should take **the bus (that is) going to Yongsan**.

05 우리는 커피를 주문하고 있던 그녀를 만났어.
We met **her (who was) ordering coffee**.

06 그들은 발표하고 있던 Amy를 봤어.
They saw **Amy (who was) giving a presentation**.

07 옆집에 사는 사람들과 얘기해봤어?
Have you talked to **the people (who are) living next door**?

08 월드컵을 보는 많은 사람들은 열광했어요.
Many people (who were) watching the World Cup were excited.

09 줄을 서서 기다리는 사람들이 많이 있어.
There are **many people (who are) waiting in line**.

10 여름에 부산을 가는 사람들이 많이 있어.
There are **many people (who are) going to Busan in summer**.

단어연결법 챌린지

DAY 78

알아두면 유용한 단어
help, keep, make

🎯 학습일 ◯월 ◯일

📋 **Step 1** | **단어연결법 공식 배우기**

Help + 누구 + (with 명사/동사ing) = ~하는 것을 도와주다

Keep + (누구) + 형용사/동사ing = 보관하다, ~을 계속하다

Make + 누구 + 형용사/동사 = ~하게 만들다

너는	도와주다	나를	공부하는 것	너는 내가 공부하는 것을 도와줘.
You	+ help	+ me	+ with studying	= You help me with studying.

너는	~을 계속하다	나를	생각하는 것	너는 나를 계속 생각하게 해.
You	+ keep	+ me	+ thinking	= You keep me thinking.

너는	~하게 만든다	나를	웃다	너는 나를 웃게 해.
You	+ make	+ me	+ laugh	= You make me laugh.

---

help(도와주다), keep(보관하다, ~을 계속하다), make(~하게 만들다)는 일상생활에서 많이 쓰이는 동사입니다. 단어연결법 공식을 익혀 다양한 문장을 말하는 연습을 해보세요.

Step 2 | 단어연결법 익히기

저 이것 좀 도와주실래요?
이 영화가 날 울게 만들었어.

이시원 선생님과
함께 학습해 보세요.

왕초보탈출 3탄

* 영어 문장은 QR 및 237p에서 확인하세요.

Step 3 | 다양한 문장으로 단어연결법 훈련하기

01 내 책상 치우는 것 좀 도와줘.

Help me with cleaning my desk.

02 이 상자 버리는 것 좀 도와주실래요?

Could you help me with throwing this box **away**?

03 내가 너 시험공부 도와줄 수 있어.

I can help you with studying for the test.

04 차갑게 보관해야 해요.

You have to keep it cold.

05 그는 나를 계속 기다리게 했어.

He **kept me waiting**.

06 우리 엄마는 나에게 영어 공부를 계속 시키세요.

My mom **keeps me studying English**.

07 이 영화는 그녀를 행복하게 했어.

This movie **made her happy**.

08 발표는 나를 긴장하게 해.

A presentation **makes me nervous**.

09 내가 다시 말하게 하지 마.

Don't make me say it again.

10 그 노래는 우리의 어린 시절을 기억하게 했어.

The song **made us remember** our childhood.

DAY 79

알아두면 유용한 표현 tend to, get to

📝 Step 1 | 단어연결법 공식 배우기

누가 + tend to + 동사원형 = 누가 ~하는 편이다

누가 + get to + 동사원형 = 누가 ~하게 된다

나는	~하는 편이다	공부하다	먼저	나는 공부를 먼저 하는 편이야.
I	+ tend to	+ study	+ first	= I tend to study first.

나는	~하는 편이다	질문하다	먼저	나는 먼저 질문하는 편이야.
I	+ tend to	+ ask	+ first	= I tend to ask first.

나는	하게 된다	알다	그를	나는 그를 알게 돼.
I	+ get to	+ know	+ him	= I get to know him.

나는	하게 된다	일하다	열심히	나는 열심히 일을 하게 돼.
I	+ get to	+ work	+ hard	= I get to work hard.

tend to는 '~하는 편이다, ~하는 경향이 있다'를 나타내는 표현입니다. get to는 '~하게 된다'라는 의미로, '~할 기회가 주어져서 하게 된다'라는 의미로 사용돼요. 이러한 tend to와 get to 뒤에는 항상 동사원형을 씁니다.

그는 화를 내는 경향이 있어.
나는 그를 일을 통해 알게 됐어요.

이시원 선생님과
함께 학습해 보세요.

왕초보탈출 3탄

Chapter 3

일상 회화 문장 훈련

* 영어 문장은 QR 및 237p에서 확인하세요.

 **Step 3** | 다양한 문장으로 단어연결법 훈련하기

10번 반복

01 난 일찍 일어나는 편이야.　　　　I **tend to get up** early.

02 난 물을 많이 마시는 편이야.　　　I **tend to drink** a lot of water.

03 그는 늦게 오는 편이야.　　　　　He **tends to come** late.

04 그녀는 물건을 잘 잃어버리는
　　 경향이 있어.　　　　　　　　 She **tends to lose** her stuff easily.

05 그들은 새로운 것을 배우려는
　　 경향이 있어.　　　　　　　　 They **tend to learn** something new.

06 난 7월에 휴가를 가게 돼.　　　　I **get to go on vacation** in July.

07 난 오늘 고등학교 친구들을 만나게
　　 된다.　　　　　　　　　　　 I **get to meet** my high school
　　　　　　　　　　　　　　　　 friends today.

08 그녀는 새로운 일자리를 찾게 되었어. She **got to find** a new job.

09 우리는 그 책을 읽게 되었어.　　　We **got to read** the book.

10 그들은 열심히 공부하게 될 거야.　They **will get to study** hard.

단어연결법 챌린지

DAY 80

알아두면 유용한 표현
be about to, try to

📝 **Step 1** | 단어연결법 공식 배우기

누가 + **be about to** + **동사원형** = 누가 ~하려던 참이다

누가 + **try to** + **동사원형** = 누가 ~하려고 노력하다

나는	~하려던 참이다	물어보다	너에게	나는 너한테 물어보려던 참이야.
I	+ am about to	+ ask	+ you	= I am about to ask you.

나는	~하려던 참이었다	물어보다	너에게	나는 너한테 물어보려던 참이었어.
I	+ was about to	+ ask	+ you	= I was about to ask you.

나는	~하려고 노력하다		이해하다	나는 이해하려고 노력해.
I	+ try to	+ understand		= I try to understand.

나는	~하려고 노력하고 있다		이해하다	나는 이해하려고 노력하고 있어.
I	+ am trying to	+ understand		= I am trying to understand.

---

be about to는 '~하려던 참이다, 막 ~하려고 하다'를 나타내는 표현입니다. 그리고 무엇인가를 하려고 노력한다고 말할 때는 '~하려고 노력하다'라는 뜻의 **try to**를 사용해요. be about to의 be동사는 주어와 시제에 따라 알맞은 형태를 써주면 되고, be about to와 try to 뒤에는 항상 동사원형을 씁니다.

Step 2 단어연결법 익히기

10번 반복

나 너한테 전화하려고 했는데.
나 그거 제시간에 끝내려고 노력하고 있어.

이시원 선생님과
함께 학습해 보세요.

왕초보탈출 3탄

* 영어 문장은 QR 및 237p에서 확인하세요.

Step 3 다양한 문장으로 단어연결법 훈련하기

10번 반복

01 나 막 물 한 잔 마시려던 참이야.
I **am about to drink** a glass of water.

02 나 너에게 가려던 참이야.
I **am about to go** to you.

03 우리 저녁 먹으려던 참이야.
We **are about to have** dinner.

04 우리는 막 자려던 참이었어.
We **were about to go to bed**.

05 기차가 역에서 막 출발하려는 참이었어.
The train **was about to depart** from the station.

06 난 약속을 지키려고 노력해.
I **try to keep** a promise.

07 난 숙제를 제시간에 제출하려고 노력하고 있어.
I **am trying to submit** my homework on time.

08 난 영어를 말하려고 노력하고 있어.
I **am trying to speak** English.

09 그는 아침에 일찍 일어나려고 노력하고 있었어.
He **was trying to get up** early in the morning.

10 우리는 집중하려고 노력하고 있었어.
We **were trying to focus**.

DAY 81
하기로 예정되어 있는 일 말하기

단어연결법 챌린지

📝 Step 1 | 단어연결법 공식 배우기

누가 + be supposed to + 동사원형

= 누가 원래 ~해야 한다

너는	원래 ~해야 한다	여기 있다	너는 원래 여기에 있어야 해.
You	+ are supposed to	+ be here	= You are supposed to be here.

너는	원래 ~하면 안 된다	여기 있다	너는 원래 여기 있으면 안 돼.
You	+ are not supposed to	+ be here	= You are not supposed to be here.

너는	원래 ~해야 한다	여기 있다	너는 원래 여기 있어야 해?
Are You	+ supposed to	+ be here	= Are you supposed to be here?

이미 하기로 약속/예정되어 있는 일, 의무에 대해 '원래 ~해야 한다'라고 말할 때 be supposed to를 사용해요. be동사는 주어와 시제에 따라 알맞은 형태를 써주면 되고, '원래 ~하면 안 된다'라고 말할 때는 be 뒤에 not을 추가해 주면 됩니다.

Step 2 | 단어연결법 익히기 | 10번 반복

너 여기 하루 종일 있어야 돼.
나 원래 술 마시면 안 돼.

이시원 선생님과
함께 학습해 보세요.

왕초보탈출 3탄

* 영어 문장은 QR 및 237p에서 확인하세요.

Step 3 | 다양한 문장으로 단어연결법 훈련하기 | 10번 반복

01 나 원래 오후 2시에 그를 만나기로 되어 있어.
I **am supposed to meet** him at 2 p.m.

02 너 원래 일찍 여기를 떠났어야 해.
You **are supposed to leave** here early.

03 그녀는 원래 자정까지 집에 가야 해.
She **is supposed to go home** by midnight.

04 우리는 원래 영어 수업을 들어야 해.
We **are supposed to take** the English class.

05 나 원래 그녀에게 이걸 말해주면 안 되는데.
I **am not supposed to tell** her this.

06 너 원래 여기에 주차하면 안 돼.
You **are not supposed to park** here.

07 그는 원래 커피를 마시면 안 돼요.
He **is not supposed to drink** coffee.

08 너 원래 내일까지 보고서를 제출하기로 되어 있어?
Are you supposed to submit the report by tomorrow?

09 너 원래 오늘 회의에 참석하기로 되어 있어?
Are you supposed to attend the meeting today?

10 너 원래 그녀랑 영화 보러 가기로 되어 있어?
Are you supposed to go to the movies with her?

DAY 82

감각에 대해 말하기

🎯 학습일 ◯ 월 ◯ 일

📝 **Step 1** | **단어연결법 공식 배우기**

누가 + **look/smell/sound/taste** + **형용사**

= **누가 ~하게 보인다/냄새가 난다/들린다/맛이 난다**

이것은		~하게 보인다		좋은		이건 좋아 보여.
This	+	looks	+	good	=	This looks good.

이것은		~한 냄새가 난다		좋은		이건 좋은 냄새가 나.
This	+	smells	+	good	=	This smells good.

이것은		~하게 들린다		좋은		이건 좋게 들려.
This	+	sounds	+	good	=	This sounds good.

이것은		~한 맛이 난다		좋은		이건 맛있어.
This	+	tastes	+	good	=	This tastes good.

be동사를 사용하여 '~이다'라고 말할 수 있어요. 문장에서 이러한 be동사 대신에 **감각동사(look, smell, sound, taste)**를 넣어 '하게 보인다, 냄새가 난다, 들린다, 맛이 난다'라고 더 풍부한 의미 표현을 할 수 있어요.

Step 2 | 단어연결법 익히기

10번 반복

**충분해 보이지 않아.
나한테는 맛이 없어.**

이시원 선생님과
함께 학습해 보세요.

왕초보탈출 3탄

* 영어 문장은 QR 및 237p에서 확인하세요.

Step 3 | 다양한 문장으로 단어연결법 훈련하기

10번 반복

01 샐러드가 신선해 보여.　　The salad **looks fresh**.

02 퍼즐이 쉬워 보여.　　The puzzle **looks easy**.

03 그들은 바빠 보여.　　They **look busy**.

04 이 향수는 꽃 향이 나.　　This perfume **smells like a flower**.

05 이 커피 향 진짜 좋아.　　This coffee **smells really nice**.

06 그 쓰레기 냄새가 고약해.　　The trash **smells terrible**.

07 그의 음악은 흥미롭게 들려.　　His music **sounds interesting**.

08 그의 목소리가 이상하게 들려.　　His voice **sounds strange**.

09 이 사탕은 콜라 맛이 나.　　This candy **tastes like Coke**.

10 그 아이스크림 너무 달아.　　The ice cream **tastes too sweet**.

단어연결법 챌린지

DAY 83

have로 '~하게 해' 말하기

☑️ **Step 1** | 단어연결법 공식 배우기

have + 목적어 + p.p.

= ~을 ~하게 하다

~하게 하다	문을	열려 있는	문을 열어 둬.
Have	+ the door	+ opened	= Have the door opened.

~하게 하다	문을	닫힌	문을 닫아 둬.
Have	+ the door	+ closed	= Have the door closed.

~하게 하다	문을	잠긴	문을 잠가 둬.
Have	+ the door	+ locked	= Have the door locked.

'~하게 하다'라는 의미는 **have**로 나타낼 수 있어요. '목적어가 ~하게 하다'라고 말하려면 목적어가 행동을 직접 하는 게 아니기 때문에 **목적어 뒤의 동사를 수동의 의미인 p.p. 형태**로 써줍니다. p.p. 자리에는 의미에 따라 전치사, 부사를 써서 다양히게 말할 수 있어요.

Step 2 | 단어연결법 익히기

나 어제 머리했어.
프린터 고쳐 놔.

이시원 선생님과
함께 학습해 보세요.

왕초보탈출 3탄

* 영어 문장은 QR 및 237p에서 확인하세요.

Step 3 | 다양한 문장으로 단어연결법 훈련하기

01 이거 연결시켜 놔.　　**Have this connected**.

02 내 재킷을 세탁소에 맡겨 놔.　　**Have my jacket taken** to a laundry.

03 그녀는 2주에 한 번씩 손톱 손질을
해요.　　She **has her nails done** every two
weeks.

04 나는 정기적으로 차를 세차해.　　I **have the car washed** regularly.

05 내가 이 책상 옮겨놨어.　　I **had this desk moved**.

06 우리는 숙제를 다 했어.　　We **had our homework done**.

07 나는 내일 내 차 세차해 놓을 거야.　　I **will have my car washed**
tomorrow.

08 나는 내 방 청소해 놓을 거야.　　I **will have my room cleaned**.

09 이거 고쳐놔 주실 수 있나요?　　**Could you have this fixed**?

10 내일까지 이거 끝내놓을 수 있으세요?　　**Could you have this finished** by
tomorrow?

DAY 84

get으로 '~하게 해' 말하기 (1)

✅ Step 1 | 단어연결법 공식 배우기

get + **목적어** + **p.p.**

= ~을 ~하게 하다

~하게 하다		그것을		다 끝난		그거 끝내 놔.
Get	+	**it**	+	**done**	=	Get it done.

~하게 하다		그것을		확인된		그거 확인해 놔.
Get	+	**it**	+	**checked**	=	Get it checked.

~하게 하다		그것을		덮인		그거 덮어 놔.
Get	+	**it**	+	**covered**	=	Get it covered.

have와 마찬가지로 **'~하게 하다'**라는 의미로 **get**도 쓸 수 있어요. 마찬가지로 '목적어가 ~하게 하다'라고 말하려면 목적어 뒤의 동사를 **수동의 의미인 p.p.** 형태로 쓰면 됩니다.

나 다 끝내놨어.
이거 씻어 놓을 수 있어?

이시원 선생님과
함께 학습해 보세요.

왕초보탈출 3탄

* 영어 문장은 QR 및 237p에서 확인하세요.

Step 3 **다양한 문장으로 단어연결법 훈련하기** 10번 반복

01 내일 나한테 알려 줘.

Get me noticed tomorrow.

02 그에게 담요를 덮어줘.

Get him covered with a blanket.

03 그는 시험을 위해 이것을 복습해야 해.

He **should get this reviewed** for the test.

04 그녀는 내가 보고서를 오늘까지 끝내 놓기를 바라요.

She wants me to **get my report done** by today.

05 나 머리 잘랐어.

I **got my hair cut**.

06 그들은 창문을 잠가 놨어.

They **got the window locked**.

07 우리는 제품들을 전시해 놓을 거야.

We **will get the products displayed**.

08 우리는 이 가방을 광고할 거예요.

We **will get this bag advertised**.

09 너 인터뷰 다 했어?

Did you **get your interview done**?

10 화장실 좀 청소해 주실래요?

Could you **get the bathroom cleaned**?

DAY 85

get으로 '~하게 해' 말하기 (2)

✅ Step 1 | 단어연결법 공식 배우기

get + 목적어 + 부사/전치사/형용사

= ~을 ~하게 하다

~하게 하다		그것을		아래로	그거 내려줘.
Get	+	it	+	down	= Get it down.

~하게 하다		그것을		차 안에	그거 내 차에 갖다 놔.
Get	+	it	+	in my car	= Get it in my car.

~하게 하다		그것을		따뜻한	그거 따뜻하게 해.
Get	+	it	+	warm	= Get it warm.

get을 활용하여 '~을 ~하게 하다'라고 말할 때 p.p. 자리에 **부사, 전치사, 형용사**를 써서 다양한 문장을 말할 수 있어요.

Step 2 | 단어연결법 익히기

10번 반복

저것 좀 내려줄래요?
이것 좀 할아버지께 가져다드려 줄래?

이시원 선생님과
함께 학습해 보세요.

왕초보탈출 3탄

* 영어 문장은 QR 및 238p에서 확인하세요.

Chapter 3

일상 회화 문장 훈련

Step 3 | 다양한 문장으로 단어연결법 훈련하기

10번 반복

01 내 노트북 돌려받아 놔.

Get my laptop back.

02 주머니에서 손 빼.

Get your hands out of your pocket.

03 지금 바로 그녀 좀 통화연결 해 줘.

Get her on the phone right now.

04 아이스크림 냉동실에 넣어 놔.

Get the ice cream in the freezer.

05 나 좀 일으켜줄래?

Could you get me up?

06 음량 좀 작게 해주실래요?

Could you get the volume down?

07 이 수프, 데워주실래요?

This soup, **could you get it hot**?

08 넌 나를 화나게 했어.

You **got me angry**.

09 그녀는 부모님을 위해 방을
준비해야 해.

She needs to get the room ready
for her parents.

10 빵을 따뜻하게 해주실래요?

Could you get the bread warm?

DAY 86 감정 말하기

 Step 1 | **단어연결법 공식 배우기**

누가 + be + 형용사 + of + 대상

= 누가 ~한 감정을 느끼다

나는		자랑스럽다		그녀가		나는 그녀가 자랑스러워.
I	+	**am proud**	+	**of her**	=	**I am proud of her.**

그는		자랑스럽다		그녀가		그는 그녀가 자랑스러워.
He	+	**is proud**	+	**of her**	=	**He is proud of her.**

우리는		자랑스럽다		그녀가		우리는 그녀가 자랑스러워.
We	+	**are proud**	+	**of her**	=	**We are proud of her.**

감정과 생각을 나타낼 때 **'be + 형용사 + of'**의 형태로 써요. 형용사 자리에는 감정을 나타내는 proud(자랑스러운), sick(지겨운), scared/terrified(무서운), embarrassed(부끄러운, 당황스러운), afraid(두려운) 등의 다양한 단어를 넣을 수 있고, **of 뒤에 감정과 생각을 느끼게 하는 대상**을 말해주면 돼요. 그리고 'be + 형용사 + that'으로 써서 that 뒤에 문장으로 말할 수도 있어요.

📖🔊 Step 2 | 단어연결법 익히기

10번 반복 😊 ☐☐☐☐ ☐☐☐☐

난 네가 지겨워/질려.
난 네가 여기 있어서 자랑스러워.

이시원 선생님과
함께 학습해 보세요.

* 영어 문장은 QR 및 238p에서 확인하세요.

🗣 Step 3 | 다양한 문장으로 단어연결법 훈련하기

10번 반복 😊 ☐☐☐☐ ☐☐☐☐

01 난 내 자신이 자랑스러워.

I **am proud of myself**.

02 난 부모님이 자랑스러워.

I **am proud of my parents**.

03 난 이 노래가 지겨워.

I **am sick of this song**.

04 우린 우울한 날씨가 지겨워.

We **are sick of the gloomy weather**.

05 그는 사람들 앞에서 이야기하는 것을 부끄러워해.

He **is embarrassed of speaking** in front of people.

06 그녀는 물을 무서워해요.

She **is scared of water**.

07 우리는 벌레가 무서워.

We **are terrified of bugs**.

08 그들은 외국인과 영어로 말하는 것을 두려워해.

They **are afraid of speaking English** with foreigners.

09 난 네가 그 책을 다 읽었다는 사실이 매우 자랑스러워.

I **am very proud of the fact that you have finished the book**.

10 난 시험에 떨어질까 봐 두려워.

I **am afraid that I might fail the test**.

 학습일 ◯월 ◯일

DAY 87
알아두면 유용한 단어 of

단어연결법 챌린지

📝 Step 1 | 단어연결법 공식 배우기

A + of + B

= B의 A, B 중에 A

맛	~의	이 음식	이 음식의 맛
the taste	+ of +	this food	= the taste of this food

가격	~의	비행기 티켓	비행기 티켓의 가격
the price	+ of +	the flight ticket	= the price of the flight ticket

한 명	~중	여러분	여러분 중 한 명
one	+ of +	you	= one of you

몇 개	~중	이것들	이것들 중 몇 개
some	+ of +	these	= some of these

전치사 of는 '~의, ~중'이라는 뜻이에요. 한 가지 유의할 것은 of는 우리말 어순과 거꾸로 해석된다는 것이에요. 즉, A of B라고 한다면 의미는 'B의 A, B 중에 A'라는 의미입니다. '~중'이라는 의미로 of가 쓰였을 때 B자리에는 복수 형태가 와야 해요.

나 이 핸드폰의 색깔이 마음에 들어요.
나 이거 대부분 마음에 들어.

이시원 선생님과
함께 학습해 보세요.

* 영어 문장은 QR 및 238p에서 확인하세요.

Step 3 | **다양한 문장으로 단어연결법 훈련하기** | 10번 반복

01 한국의 가을은 아름다워요.
Autumn of Korea is beautiful.

02 이 상품의 품질은 아주 좋아.
The quality of this product is very good.

03 이 향수의 향은 너무 강해.
The scent of this perfume is too strong.

04 한국의 수도는 서울이에요.
The capital of Korea is Seoul.

05 너 제주도행 티켓 가격 알아?
Do you know **the price of the ticket to Jeju Island**?

06 나는 그의 친구들 중 몇 명을 알아.
I know **some of his friends**.

07 너는 이것들 중 하나를 고를 수 있어.
You can pick **one of these**.

08 저는 이것들 모두 사고 싶어요.
I want to buy **all of these**.

09 여러분 중 몇 명은 이 노래를 들어본 적 있어요.
Some of you have heard of this song.

10 여러분 대부분은 시험을 매우 잘 치렀어요.
Most of you did very well on the test.

단어연결법 챌린지

DAY 88

간단히 질문하는 법 (1)

📋 **Step 1** | **단어연결법 공식 배우기**

주어 + is it ~?

= 주어, ~인가요?

그 회의	~인가요	오늘	그 회의, 오늘인가요?
The meeting +	**is it** +	**today** =	**The meeting, is it today?**

그 회의	~인가요	내일	그 회의, 내일인가요?
The meeting +	**is it** +	**tomorrow** =	**The meeting, is it tomorrow?**

그 회의	~인가요	이번 주	그 회의, 이번 주인가요?
The meeting +	**is it** +	**this week** =	**The meeting, is it this week?**

궁금한 것을 물어볼 때 is it ~?을 활용하여 간단히 질문할 수 있어요. 즉, **문장에서 가장 중요한 주어를 먼저 말한 뒤에 it을 주어로 하여 의문을 만들어 보세요.** 주어 뒤에 오는 의문문은 앞의 주어에 따라서 it, he, she, they 등으로 상황에 맞게 쓰면 돼요.

이 색깔, 빨간색이야?
네 핸드폰, 새 거야?

이시원 선생님과
함께 학습해 보세요.

왕초보탈출 3탄

* 영어 문장은 QR 및 238p에서 확인하세요.

 **Step 3** | **다양한 문장으로 단어연결법 훈련하기**

10번 반복

01	마감일, 오늘이야?	The due date, **is it today**?
02	이 선물, 내 거야?	This present, **is it mine**?
03	저 바나나, 신선해?	That banana, **is it fresh**?
04	이 유리컵, 예뻐요?	This glass cup, **is it pretty**?
05	이 영화, 재밌어?	This movie, **is it interesting**?
06	제 고양이, 거기 있어요?	My cat, **is he there**?
07	저 모니터, 새 상품인가요?	That monitor, **is it new**?
08	저 책상, 튼튼해?	That desk, **is it strong**?
09	저 목걸이, 은이에요?	That necklace, **is it silver**?
10	이 메인 요리, 맛있어?	This main dish, **is it good**?

DAY 89

간단히 질문하는 법 (2)

📝 Step 1 | 단어연결법 공식 배우기

주어, does it ~?

= 주어, ~해요?

이 컵	~해요	가지고 있다	얼음을	이 컵, 얼음 들어있나요?
This cup	+ does it	+ have	+ ice	= This cup, does it have ice?

이 컵	~해요	가지고 있다	물을	이 컵, 물 들어있나요?
This cup	+ does it	+ have	+ water	= This cup, does it have water?

이 컵	~해요	가지고 있다	주스를	이 컵, 주스 들어있나요?
This cup	+ does it	+ have	+ juice	= This cup, does it have juice?

be동사 외에 **일반동사가 쓰인 문장은 주어 뒤에 does it ~?으로 질문할 수 있어요.** 과거시제의 경우 does it ~? 대신에 did it ~?으로 질문합니다. 마찬가지로 주어 뒤에 오는 의문문은 앞의 주어에 따라서 it, he, she 등으로 상황에 맞게 쓰면 돼요.

10번 반복

제 방, 와이파이 있어요?
이 카페, 초콜릿 쿠키 있어요?

이시원 선생님과
함께 학습해 보세요.

왕초보탈출 3탄

* 영어 문장은 QR 및 238p에서 확인하세요.

Step 3 | 다양한 문장으로 단어연결법 훈련하기

10번 반복

| 01 | 이 가방, 끈이 있나요? | This bag, **does it have a shoulder strap**? |

01 이 가방, 끈이 있나요?
This bag, **does it have a shoulder strap**?

02 저 카페, 아이스티가 있어요?
That café, **does it have iced tea**?

03 이 샌드위치, 올리브가 들어 있나요?
This sandwich, **does it have olives on it**?

04 우리 방, 엑스트라 베드가 있나요?
Our room, **does it have an extra bed**?

05 이 쇼핑몰, 약국 있어요?
This shopping mall, **does it have a drug store**?

06 그 식당, 유아용 의자 있어요?
The restaurant, **does it have a chair for a baby**?

07 이 버스, 그 쇼핑몰 가나요?
This bus, **does it go to the shopping mall**?

08 네 음료수, 마음에 들었어?
Your beverage, **did you like it**?

09 네 재킷, 빈티지 샵에서 산 거야?
Your jacket, **did you buy it from the vintage shop**?

10 그 명언, 이 책에서 읽은 거야?
The wise quote, **did you read it from this book**?

DAY 90
간단히 질문하는 법 (3)

📝 Step 1 | 단어연결법 공식 배우기

주어, was it ~?

= 주어, ~였나요?

거기 디저트		~였나요		맛있는		거기 디저트, 맛있었어?
The dessert there	+	was it	+	good	=	The dessert there, was it good?

거기 디저트		~였나요		달콤한		거기 디저트, 달았어?
The dessert there	+	was it	+	sweet	=	The dessert there, was it sweet?

거기 디저트		~였나요		맛없는		거기 디저트, 맛없었어?
The dessert there	+	was it	+	bad	=	The dessert there, was it bad?

앞서 배운 '주어, is it ~?' 형태의 질문을 **과거형으로 말하려면 '주어, was it ~?'**이라고 하면 돼요. 그리고 과거의 일에 대해 '~는 어땠어?'라고 물으려면 how was it?을 쓸 수도 있어요.

Step 2 | 단어연결법 익히기

10번 반복

어제 가족이랑 홍대에서 저녁먹은 건 어땠어?

너 지난주 일요일에 친구랑 홍콩 다녀온 건 비쌌어?

이시원 선생님과 함께 학습해 보세요.

* 영어 문장은 QR 및 238p에서 확인하세요.

Step 3 | 다양한 문장으로 단어연결법 훈련하기

10번 반복

01 그들과 한 게임, 재밌었어?
The game with them, **was it fun**?

02 지난주 일요일 등산, 힘들었어?
The hiking last Sunday, **was it hard**?

03 토론토 비행기 티켓, 비쌌어?
The flight ticket to Toronto, **was it expensive**?

04 어제 친구와 한 대화, 재밌었어?
The conversation with your friend yesterday, **was it interesting**?

05 그 호텔 서비스, 좋았어?
The hotel service, **was it good**?

06 거기 날씨, 어땠어?
The weather there, **how was it**?

07 그 호텔 레스토랑, 어땠어?
The hotel restaurant, **how was it**?

08 새로 생긴 카페, 어땠어?
The new café, **how was it**?

09 어제 본 영화, 어땠어?
The movie yesterday, **how was it**?

10 너 지난주에 일본 다녀온 거, 어땠어?
Your visit to Japan last week, **how was it**?

DAY 91

가까운 미래의 일 질문하기

🖐️ Step 1 | 단어연결법 공식 배우기

Am/Are/Is + **누가** + **동사ing?**

= ~할 거예요?

~이니	너는	갈 것이다	거기에	너 거기 갈 거야?
Are +	**you** +	**going** +	**there** =	**Are you going there?**

~이니	그는	갈 것이다	거기에	그는 거기에 갈 거야?
Is +	**he** +	**going** +	**there** =	**Is he going there?**

~이니	우리는	갈 것이다	거기에	우리 거기에 갈 거야?
Are +	**we** +	**going** +	**there** =	**Are we going there?**

현재진행형(be + 동사ing)은 '~하고 있다'라는 뜻 이외에도 **가까운 미래에 '~할 것이다'**라는 의미를 나타낼 수 있어요. 그래서 현재진행형 의문문으로 **'~할 거야?'**라고 질문할 수 있습니다. What time(몇 시), Where 등의 의문사를 붙여서 좀 더 구체적으로 물어볼 수 있어요.

Step 2   단어연결법 익히기

우리 7시에 일어나?
우리 몇 시에 저녁 먹어?

이시원 선생님과
함께 학습해 보세요.

왕초보탈출 3탄

* 영어 문장은 QR 및 238p에서 확인하세요.

10번 반복

Step 3   다양한 문장으로 단어연결법 훈련하기

10번 반복

01   오늘 오후에 회의 있으세요?
Are you having a meeting this afternoon?

02   너 다음 역에서 내릴 거야?
Are you getting off at the next station?

03   그는 내일 점심에 Erin을 만나?
Is he meeting Erin for lunch tomorrow?

04   그녀는 다음 주 목요일에 떠나?
Is she leaving next Thursday?

05   우리 내일 그 쇼핑몰 들를 거야?
Are we stopping by the shopping mall tomorrow?

06   내년에 어디로 이사가?
Where are you moving next year?

07   파리 여행하는 동안 어디에 머물러?
Where are you staying during your trip to Paris?

08   내일 몇 시에 렌터카 픽업해?
What time are you picking up the rental car tomorrow?

09   그녀는 몇 시에 공항에 도착해?
What time is she arriving at the airport?

10   그들은 내년에 어디에 새로운 가게를 열어?
Where are they opening the new store next year?

DAY 92

알아두면 유용한 패턴
Do you want to ~?

 Step 1 | 단어연결법 공식 배우기

Do you want to + **동사원형 ~?**

= ~하고 싶어요?

너는 ~하기를 원하니	1개를 선택하다	너 1개 선택하고 싶어?
Do you want to +	**pick one** =	**Do you want to pick one?**
너는 ~하기를 원하니	이것을 맛보다	너 이거 맛보고 싶어?
Do you want to +	**try this** =	**Do you want to try this?**
너는 ~하기를 원하니	이것을 사다	너 이거 사고 싶어?
Do you want to +	**buy this** =	**Do you want to buy this?**

'~하고 싶어요?, ~할래?'와 같이 상대의 의견을 물어볼 때 Do you want to ~? 패턴을 많이 사용합니다. 조금 더 공손한 패턴으로는 Would you like to ~? (~하고 싶으신가요?)가 있어요. 두 패턴 모두 to 뒤에 동사원형이 옵니다.

🔊 Step 2 | 단어연결법 익히기

너 피자 먹고 싶어?
한번 입어보실래요?

이시원 선생님과
함께 학습해 보세요.

왕초보탈출 3탄

* 영어 문장은 QR 및 238p에서 확인하세요.

😀 Step 3 | 다양한 문장으로 단어연결법 훈련하기

01	저녁 먹고 산책할래?	**Do you want to go for a walk** after dinner?
02	내일 저녁 우리와 같이 먹을래?	**Do you want to join us** for dinner tomorrow?
03	새로 생긴 식당에 가볼래?	**Do you want to go** to the new restaurant?
04	일요일에 쇼핑하러 갈래?	**Do you want to go shopping** on Sunday?
05	나랑 같이 운동할래?	**Do you want to work out** with me?
06	휴가를 어디로 가고 싶어?	**Where do you want to go** for your vacation?
07	뭐 주문할래?	**What do you want to order**?
08	저희와 함께하시겠어요?	**Would you like to join** us?
09	커피나 차 중에 어떤 것을 드시겠어요?	**Would you like to drink** coffee or tea?
10	점심으로 무엇을 드시겠어요?	**What would you like to have** for lunch?

단어연결법 챌린지

DAY 93

알아두면 유용한 패턴
Do you want me to ~?

📝 **Step 1** | **단어연결법 공식 배우기**

Do you want + **목적어** + **to 동사원형 ~?**

= 누가 ~하기를 원해요?

너는 원하니		그녀가		가는 것을		너는 그녀가 가기를 원해?
Do you want	+	**her**	+	**to go**	=	Do you want her to go?

너는 원하니		그가		가는 것을		너는 그가 가기를 원해?
Do you want	+	**him**	+	**to go**	=	Do you want him to go?

너는 원하니		우리가		가는 것을		너는 우리가 가기를 원해?
Do you want	+	**us**	+	**to go**	=	Do you want us to go?

앞서 배운 패턴 Do you want to ~?(~하고 싶어요?, ~할래?)에 '누가' 하기를 원하는지 물어볼 때는 want 와 to 사이에 '누가'에 해당하는 me와 같은 목적어를 쓰면 돼요.

10번 반복

너는 내가 가길 원해?
우리가 언제 오길 원하세요?

이시원 선생님과
함께 학습해 보세요.

왕초보탈출 3탄

* 영어 문장은 QR 및 238p에서 확인하세요.

Step 3 | 다양한 문장으로 단어연결법 훈련하기

10번 반복

01 넌 내가 너를 기다리길 원해?　**Do you want me to wait** for you?

02 넌 내가 너를 공항으로 데리러 가길 원해?　**Do you want me to pick you up** at the airport?

03 넌 내가 아침 식사를 준비하길 원해?　**Do you want me to prepare** breakfast?

04 넌 그가 너한테 저녁 사주길 원해?　**Do you want him to buy** dinner for you?

05 넌 그녀가 스페인에 가길 원해?　**Do you want her to go** to Spain?

06 넌 우리가 거기서 차를 빌리길 원해?　**Do you want us to rent** a car there?

07 넌 내가 너를 위해 뭘 해 주길 원해?　**What do you want me to do** for you?

08 넌 내가 언제 너한테 다시 전화하길 원해?　**When do you want me to call** you back?

09 넌 우리가 언제 시작하길 원해?　**When do you want us to start**?

10 넌 내가 소스 얼마나 넣길 원해?　**How much sauce do you want me to put in**?

단어연결법 챌린지

DAY 94

과거의 상태/습관 말하기

📝 **Step 1** | **단어연결법 공식 배우기**

누가 + **used to** + 동사원형

= 누가 예전에 ~하곤 했다

나는		~하곤 했다		살다		서울에		나 예전에 서울에 살았었어.
I	+	used to	+	live	+	in Seoul	=	I used to live in Seoul.

그녀는		~하곤 했다		살다		서울에		그녀는 예전에 서울에 살았었어.
She	+	used to	+	live	+	in Seoul	=	She used to live in Seoul.

그들은		~하곤 했다		살다		서울에		그들은 예전에 서울에 살았었어.
They	+	used to	+	live	+	in Seoul	=	They used to live in Seoul.

'예전에 ~하곤 했다'라는 뜻으로 **used to**를 써서 **과거의 일, 상태, 습관**을 나타내요. '예전에는 그랬지만 지금은 아니다'라는 의미가 포함되어 있어요.

Step 2 | 단어연결법 익히기

10번 반복 □□□□ □□□□

**나 예전에 매일 아침마다 요가를 했었어.
내 책상은 원래 여기 있었거든.**

이시원 선생님과
함께 학습해 보세요.

* 영어 문장은 QR 및 238p에서 확인하세요.

Step 3 | 다양한 문장으로 단어연결법 훈련하기

10번 반복 □□□□ □□□□

01	나 예전에 매일 아침 조깅했었어.	I **used to go jogging** every morning.
02	나 예전에 커피를 많이 마셨었어.	I **used to drink** coffee a lot.
03	나 예전에 지하철 타고 출근했었어.	I **used to take the subway to work**.
04	그는 예전에 수영 선수였어.	He **used to be a swimmer**.
05	그는 예전에 영어를 열심히 공부했었어.	He **used to study** English hard.
06	그녀는 예전에 긴 머리였어.	She **used to have long hair**.
07	그녀는 예전에 영업사원으로 일했었어.	She **used to work** as a salesperson.
08	우리는 예전에 강아지를 키웠었어요.	We **used to have** a dog.
09	우리는 매년 휴가를 위해 유럽으로 여행하곤 했어요.	We **used to travel** to Europe every year for vacation.
10	그 식당 원래 여기 있었는데.	The restaurant **used to be here**.

단어연결법 챌린지

DAY 95

알아두면 유용한 패턴
Do you mind if ~?

📝 Step 1 │ 단어연결법 공식 배우기

Do you mind if + 누가 + 어쩐다 ~?

= ~해도 괜찮을까요?

~해도 괜찮을까요		제가		앉다		여기에		제가 여기 앉아도 괜찮을까요?
Do you mind if	+	I	+	sit	+	here	=	Do you mind if I sit here?

~해도 괜찮을까요		저희가		앉다		여기에		저희가 여기 앉아도 괜찮을까요?
Do you mind if	+	we	+	sit	+	here	=	Do you mind if we sit here?

~해도 괜찮을까요		그가		앉다		여기에		그가 여기 앉아도 괜찮을까요?
Do you mind if	+	he	+	sits	+	here	=	Do you mind if he sits here?

mind는 '마음'이라는 명사의 뜻 이외에 동사로 '신경 쓰다, 꺼려하다'라는 뜻이 있어요. 그래서 **Do you mind if ~?**는 직역 하면 '~하면 신경 쓰이나요?'이고, 즉, '~해도 괜찮을까요?'라는 뜻의 패턴이 됩니다. mind의 의미를 고려해서 '괜찮아요, 돼요.'는 No, I don't mind.(아니요, 신경 쓰이지 않아요.)라고 답변하고, 반대로 '안 돼요.'는 Yes, I mind. (네, 신경 쓰여요.)라고 답변합니다.

Step 2 단어연결법 익히기

10번 반복

제가 이 의자 가져가면 신경 쓰이실까요?
제가 먼저 내려도 괜찮을까요?

이시원 선생님과
함께 학습해 보세요

왕초보탈출 3탄

* 영어 문장은 QR 및 239p에서 확인하세요.

Chapter 3

일상 회화 문장 훈련

Step 3 다양한 문장으로 단어연결법 훈련하기

10번 반복

01	제가 창문을 열어도 될까요?	**Do you mind if I open** the window?
02	내가 네 펜을 잠시 빌려도 될까?	**Do you mind if I borrow** your pen for a moment?
03	내가 오늘 일찍 떠나도 될까?	**Do you mind if I leave** early today?
04	내가 점심을 같이 먹어도 될까?	**Do you mind if I join** you for lunch?
05	내가 네 화장실 좀 써도 될까?	**Do you mind if I use** your bathroom?
06	제가 내일 재택근무를 해도 될까요?	**Do you mind if I work from home** tomorrow?
07	제가 에어컨을 꺼도 괜찮을까요?	**Do you mind if I turn off** the air conditioner?
08	제 가방을 여기에 맡겨도 될까요?	**Do you mind if I leave** my bags here?
09	저희가 잠시 쉬어도 될까요?	**Do you mind if we take a break**?
10	저희가 회의 시간을 오후 3시로 변경해도 괜찮으실까요?	**Do you mind if we change** the meeting time to 3 p.m.?

단어연결법 챌린지

DAY 96

알아두면 유용한 패턴
It takes ~ to -

🎯 학습일 ◯ 월 ◯ 일

📑👆 **Step 1** │ 단어연결법 공식 배우기

It takes + **시간** + **to 동사원형**
= -하는 데 (시간이) ~만큼 걸려요

(시간이) 걸린다	30분	거기 가는 데	거기 가는 데 30분 걸려.
It takes	+ 30 minutes	+ to go there	= It takes 30 minutes to go there.
(시간이) 걸린다	1시간	거기 가는 데	거기 가는 데 1시간 걸려.
It takes	+ an hour	+ to go there	= It takes an hour to go there.
(시간이) 걸린다	3시간	거기 가는 데	거기 가는 데 3시간 걸려.
It takes	+ 3 hours	+ to go there	= It takes 3 hours to go there.

31일 차에서 다양한 의미를 가진 take에 대해 배웠습니다. 이번 시간에는 그중에서도 **'시간이 걸리다'**라는 뜻의 take를 활용한 패턴 'It takes ~ to -'를 연습해 보겠습니다. 과거에 얼마큼의 시간이 걸렸는지를 말할 때는 take의 과거형 took을 사용하고, 얼마의 시간이 걸리는지를 물어볼 때는 '얼마나'를 의미하는 How long을 붙여서 질문해요.

 **Step 2** | 단어연결법 익히기

10번 반복

한 시간 안 걸려요.
이거 끝내는 데 얼마나 걸렸어요?

이시원 선생님과
함께 학습해 보세요.

* 영어 문장은 QR 및 239p에서 확인하세요.

Step 3 | 다양한 문장으로 단어연결법 훈련하기

10번 반복

01 거기 도착하는 데 20분 걸려.
It takes 20 minutes to arrive there.

02 프랑스 가는 데 13시간 걸려.
It takes 13 hours to go to France.

03 샌드위치 만드는 데 10분 걸려.
It takes 10 minutes to make a sandwich.

04 공항까지 차로 1시간 30분 안 걸려요.
It doesn't take an hour and a half to drive to the airport.

05 그녀를 집에 바래다주는 데 30분 정도 걸렸어.
It took about 30 minutes to walk her home.

06 그를 기다리는 데 10분 걸렸어.
It took 10 minutes to wait for him.

07 그 소설을 읽는 데 일주일 안 걸렸어.
It didn't take a week to read that novel.

08 스마트폰을 완전히 충전하는 데 얼마나 걸려요?
How long does it take to charge a smartphone fully?

09 여기서 공원까지 걸어가는 데 얼마나 걸려요?
How long does it take to walk to the park from here?

10 이거 사는 데 얼마나 걸렸어?
How long did it take to buy this?

단어연결법 챌린지

DAY 97

과거의 일에 대한 후회 말하기

📝 **Step 1** | 단어연결법 공식 배우기

누가 + should have p.p.

= 누가 ~했어야 했다

내가	전화를 했어야 했다	너에게	내가 너한테 전화했어야 했는데.
I	+ should have called	+ you	= I should have called you.

그녀가	전화를 했어야 했다	그에게	그녀가 그에게 전화했어야 했는데.
She	+ should have called	+ him	= She should have called him.

그가	전화를 했어야 했다	그녀에게	그가 그녀에게 전화했어야 했는데.
He	+ should have called	+ her	= He should have called her.

'~했어야 했는데 (하지 못했다)'라는 아쉬움을 나타낼 때 should have p.p.를 사용해요. 과거 사실에 대한 후회 또는 유감을 나타내는 표현이에요.

디카페인을 주문했어야 했는데. 녀는 어제 여기 왔었어야 해.

이시원 선생님과 함께 학습해 보세요.

왕초보탈출 3탄

* 영어 문장은 QR 및 239p에서 확인하세요.

Step 3 | 다양한 문장으로 단어연결법 훈련하기

10번 반복

01 내가 날씨를 확인했어야 했어.
I **should have checked** the weather.

02 내가 지난주에 그걸 샀어야 했어.
I **should have bought** it last week.

03 내가 너에게 먼저 말했어야 했는데.
I **should have told** you first.

04 나 우산을 가져왔어야 했는데.
I **should have brought** an umberella.

05 넌 어제 그를 만났어야 했어.
You **should have met** him yesterday.

06 넌 실수에 대해 사과했어야 했어.
You **should have apologized** for your mistake.

07 그는 도움을 요청했어야 했어.
He **should have asked** for help.

08 그녀는 그 제안을 받아들였어야 했어.
She **should have accepted** the offer.

09 우린 미리 티켓을 예매했어야 했어.
We **should have booked** the tickets in advance.

10 우린 더 일찍 출발했어야 했어.
We **should have left** earlier.

DAY 98

알아두면 유용한 패턴 I told ~ to -

📝 **Step 1** | 단어연결법 공식 배우기

누가 + **told** + **누구** + **to 동사원형**

= 누가 ~한테 -하라고 했다

내가	말했다	너에게	여기로 오라고	내가 너한테 여기로 오라고 했잖아.
I	+ told	+ you	+ to come here	= I told you to come here.

그녀는	말했다	그에게	여기로 오라고	그녀가 그한테 여기로 오라고 했어.
She	+ told	+ him	+ to come here	= She told him to come here.

그들은	말했다	나에게	여기로 오라고	그들이 나한테 여기로 오라고 했어.
They	+ told	+ me	+ to come here	= They told me to come here.

'누가 ~한테 -하라고 했다'를 의미하는 표현은 '누가 + told + 누구 + to 동사원형'입니다. '-하지 말라고 했다'를 말할 때는 to 앞에 not을 붙여주면 돼요. 그리고 told(말했다) 대신에 asked(부탁했다, 요청했다)를 써서, '누가 ~한테 -해달라고 부탁했어'를 말할 수도 있어요.

Step 2 단어연결법 익히기

우리 엄마가 나보고 방 치우라고 하셨어.
내가 너한테 아무것도 만지지 말라고 했지!

이시원 선생님과
함께 학습해 보세요.

왕초보탈출 3탄

* 영어 문장은 QR 및 239p에서 확인하세요.

Step 3 다양한 문장으로 단어연결법 훈련하기

01 내가 너한테 책 많이 읽으라고 말했잖아.

I told you to read many books.

02 내가 너한테 오후 4시에 만나자고 말했잖아.

I told you to meet at 4 p.m.

03 내가 아빠한테 나를 데리러 와 달라고 말했어.

I told my dad to pick me up.

04 내가 너한테 메일을 보내달라고 말했잖아.

I told you to send me an email.

05 엄마가 나한테 설거지하라고 하셨어.

My mom told me to do the dishes.

06 엄마가 우리한테 그거 버리라고 하셨어.

My mom told us to throw it away.

07 그가 나한테 서류를 출력해달라고 했어.

He told me to print out the documents.

08 그가 나한테 버스 정류장에서 기다려 달라고 했어.

He told me to wait for him at the bus stop.

09 내가 너한테 그거 오늘까지 끝내 달라고 부탁했잖아.

I asked you to finish it by today.

10 내가 너한테 조용히 해 달라고 부탁했잖아.

I asked you to be quiet.

단어연결법 챌린지

DAY 99

질문에 알맞게 대답하기

 Step 1 | **단어연결법 공식 배우기**

일반동사 질문: Yes, I do. / No, I don't.

be동사 질문: Yes, I am. / No, I'm not.

~하니	너는	좋아하다	아이스크림을	너는 아이스크림을 좋아해?
Do	+ you	+ like	+ ice cream	= Do you like ice cream?

응, 좋아해.   아니, 안 좋아해.
Yes, I do.   /   No, I don't.

~이니	너는	갈 것이다	도쿄에	너 도쿄에 가?
Are	+ you	+ going to	+ Tokyo	= Are you going to Tokyo?

응, 갈 거야.   아니, 안 갈 거야.
Yes, I am.   /   No, I'm not.

질문에 쓰인 동사가 be동사인지 일반동사인지에 따라 다르게 대답해야 합니다. 일반동사가 쓰인 문장의 경우, Do/Does로 질문하면 'Yes, 주어 do/does.', 'No, 주어 don't/doesn't.'로 대답하고, be동사로 질문하면 'Yes, 주어 be동사.', 'No, 주어 be + not.'으로 대답할 수 있어요. 질문의 시제나 주어에 따라 알맞은 형태(Do/Does/Did, Are/Is/Were/Was)를 사용해서 대답하면 돼요.

📖🔊 Step 2 | 단어연결법 익히기

10번 반복 🐾 ☐☐☐☐ ☐☐☐☐

너 커피 좋아해?
– 응, 좋아해. / 아니, 안 좋아해.
이거 차가워?
– 응, 차가워. / 아니, 안 차가워.

이시원 선생님과
함께 학습해 보세요.

왕초보탈출 3탄

* 영어 문장은 QR 및 239p에서 확인하세요.

Step 3 | 다양한 문장으로 단어연결법 훈련하기

10번 반복 🐾 ☐☐☐☐ ☐☐☐☐

01 이번 주말에 약속 있어?
응, 있어. / 아니, 없어.

Do you have plans this weekend?
Yes, I do. / No, I don't.

02 너 그를 알아?
응, 알아. / 아니, 몰라.

Do you know him?
Yes, I do. / No, I don't.

03 너 애완동물 길러?
응, 길러. / 아니, 안 길러.

Do you have a pet?
Yes, I do. / No, I don't.

04 영화 재밌었어?
응, 재밌었어. / 아니, 재미없었어.

Did you enjoy the movie?
Yes, I did. / No, I didn't.

05 어제 나한테 전화했었어?
응, 했었어. / 아니, 안 했었어.

Did you call me yesterday?
Yes, I did. / No, I didn't.

06 너 지금 바빠?
응, 바빠. / 아니, 안 바빠.

Are you busy now?
Yes, I am. / No, I'm not.

07 그녀는 네 여동생이야?
응, 여동생이야. / 아니, 여동생 아니야.

Is she your sister?
Yes, she is. / No, she isn't.

08 그분들은 네 동료야?
응, 동료들이야. / 아니, 동료들 아니야.

Are they your colleagues?
Yes, they are. / No, they aren't.

09 이번 주말에 일할 거야?
응, 할 거야. / 아니, 안 할 거야.

Are you working this weekend?
Yes, I am. / No, I'm not.

10 그 영화 좋았어?
응, 좋았어. / 아니, 안 좋았어.

Was the movie good?
Yes, it was. / No, it wasn't.

단어연결법 챌린지

DAY 100

if로 '그러면' 말하기

 🎯 학습일 ◯월 ◯일

 Step 1 | **단어연결법 공식 배우기**

일반동사 : `If you do` **= 그러면(네가 ~한다면)**

be동사 : `If you are` **= 그러면(네가 ~이라면)**

그러면(네가 시간 있으면)

**If you do
(If you have time)**

+

커피 마시러 가자

**let's go for
some coffee**

=

그러면, 커피 마시러 가자.

**If you do, let's go for some
coffee.**

그러면(네가 배고프면)

**If you are
(If you are hungry)**

+

버거 먹자

**let's have
some burgers**

=

그러면, 버거 먹자.

**If you are, let's have some
burgers.**

대화하다가 앞의 상황을 다시 한번 말하면서 **'네가 그러면'과 같이 말할 때, if를 사용할 수** 있어요. 앞서 말한 문장에서 **어떤 동사(be동사, 일반동사)가 사용되었는지에 따라 if you are / if you do로 말하면** 돼요. '네가 그렇지 않다면', '그렇지 않다면'과 같이 부정문일 때는 if you don't, if it isn't로 말하면 됩니다.

Step 2 | 단어연결법 익히기 | 10번 반복 ☑ ☐☐☐☐ / ☐☐☐☐

그러면(네가 좋아하면),
여기 밑에서 커피 살 수 있어.
그러면(배고프면), 나가자.

이시원 선생님과
함께 학습해 보세요.

왕초보탈출 3탄

* 영어 문장은 QR 및 239p에서 확인하세요.

Step 3 | 다양한 문장으로 단어연결법 훈련하기 | 10번 반복 ☑ ☐☐☐☐ / ☐☐☐☐

01 그러면(네가 원한다면), 내가 너 도와 줄게.
If you do(If you want), let me help you.

02 그러면(네가 네 일을 끝내면), 저녁 먹으러 가자.
If you do(If you finish your work), let's go have dinner.

03 그러면(네가 필요하면), 내가 그거 사줄게.
If you do(If you need), I will buy it for you.

04 그러면(네가 이 근처에서 살면), 맛집 추천해 줘.
If you do(If you live near here), please recommend some good restaurants.

05 그러면(네가 배우길 원한다면), 내가 가르쳐 줄게.
If you do(If you want to learn), I will teach you.

06 그러면(네가 목이 마르면), 이거 마셔도 돼.
If you are(If you are thirsty), you can drink this.

07 그러면(네가 졸리면), 너 오늘 일찍 자야 해.
If you are(If you are sleepy), you should go to bed early today.

08 그러면(네가 배고프면), 뭐 좀 먹자.
If you are(If you are hungry), let's eat something.

09 그러면(네가 불편하다면), 너 옷을 갈아입어야 해.
If you are(If you are uncomfortable), you need to change your clothes.

10 그러면(네가 춥다면), 히터를 켤 수 있어.
If you are(If you are cold), you can turn on the heater.

Step 2 단어연결법 익히기 정답

DAY 1

나는 내 차를 운전해요.
I drive my car.

그는 커피를 좋아해요.
He likes coffee.

DAY 2

그는 커피를 안 마셔요.
He doesn't drink coffee.

그는 이거 몰라요.
He doesn't know this.

DAY 3

오늘 내 친구를 데려왔어요.
I brought my friend today.

우리는 저녁을 먹었어요.
We ate dinner.

DAY 4

우리는 아침을 안 먹었어요.
We didn't have breakfast.

우리는 이걸 안 가져갔어요.
We didn't take this.

DAY 5

우리 지금 주문할게요.
We will order now.

그는 내 방을 사용할 거예요.
He will use my room.

DAY 6

지금 가져와.
Bring it now.

가서 냅킨 좀 가져다주시겠어요?
Could you go get me some napkins?

DAY 7

나 안 갈 거야.
I won't go.

나는 저것들을 안 살 거예요.
I won't buy them.

DAY 8

이걸로 하셔도 돼요(이걸로 가져가셔도 돼요).
You can take this.

너는 성공할 수 있어요.
You can succeed.

DAY 9

키를 거기에 두고 여기서 돈을 내시면 돼요.
You can leave the key there and pay money here.

여기 앉아서 커피 드시면 돼요.
You can sit here and drink coffee.

DAY 10

이 안에 치즈 엄청 들어가 있어.
It has a lot of cheese.

이 안에 물 들어 있어요.
It has water in it.

DAY 11

이 방 안에는 침대가 두 개 있어요.
This room has two beds in it.

여기에 네 이름이 쓰여 있었어.
It had your name on it.

DAY 12

일본에 가면 많은 좋은 식당을 찾을 거야.
If you go to Japan, you will find many good
restaurants.

물이 필요하면 가서 가지고 오면 돼.
If you need water, you can go get it.

DAY 13

너는 이것을 떼어내야만 해.
You should take this off.

넌 지금 떠나야 해.
You must leave now.

DAY 14

나는 그녀에게 아침을 만들어 줍니다.
I make her breakfast.

저는 포크를 달라고 했는데, 저희에게 칼을
가져다주셨어요.
I asked for a fork, but you brought us
a knife.

DAY 15

지난주 월요일에 난 부산에 갔어요.
Last Monday, I went to Busan.

나는 다음 주 일요일에 집에 갈 거예요.
I will go home next Sunday.

DAY 16

재미있다!
It is fun!

나는 슬퍼.
I am sad.

DAY 17

이 영화는 지루하지 않아.
This movie is not boring.

너는 중요하지가 않아.
You are not important.

DAY 18

이것은 내 여권이다.
This is my passport.

내 커피가 아니에요.
It's not my coffee.

DAY 19

나 여기 있어요.
I am here.

우리 집은 서울에서 멀어요.
My house is far from Seoul.

DAY 20

덥나요?
Is it hot?

네 거야?
Is it yours?

DAY 21

너는 매일 일해?
Do you work every day?

그는 내일 시간 있어?
Does he have time tomorrow?

DAY 22

내 컵이 여기 있었어.
My cup was here.

나 아니었어.
It was not me.

DAY 23

너 거기에 있었어?
Were you there?

너 커피 마셨어?
Did you have coffee?

DAY 24

그는 나를 보지 않았어요.
He didn't see me.

너는 배고프지 않았어.
You were not hungry.

DAY 25

나는 서울에 토요일과 일요일에 있을 거야.
I will be in Seoul on Saturday and Sunday.

나는 준비될 거야.
I will be ready.

DAY 26

나는 여기서 일하기를 원해.
I want to work here.

나는 너를 데리러 가고 싶지 않아.
I don't want to pick you up.

DAY 27

나는 너가 이것을 먹어봤으면 좋겠어.
I want you to try this.

내가 이거 가져갈까?
Do you want me to take this?

DAY 28

나는 먹기 위해 산다.
I live to eat.

나는 여기 내 친구를 만나려고 왔어요.
I came here to meet my friend.

DAY 29

내가 아마 틀릴 거야.
I am probably wrong.

나는 네가 맞았으면 좋겠어.
Hopefully, you are right.

DAY 30

우리는 공부하는 중입니다.
We are studying.

너는 가는 중이니?
Are you going?

DAY 31

이것을 네 방으로 가져가.
Take this to your room.

5분 걸려요.
It takes 5 minutes.

DAY 32

누가 커피 마셨어요?
Who had coffee?

무슨 일이 일어나고 있어?
What is happening?

DAY 33

이거 언제 하고 싶어?
When do you want to do this?

너 이거 어떻게 했어?
How did you do this?

DAY 34

뜨거운 것 있어요?
Do you have something hot?

나 할 게 있어.
I have something to do.

DAY 35

나는 다른 영화들 봤어.
I saw other movies.

나는 다른 재킷 입고 있어.
I'm wearing another jacket.

DAY 36

TV 보는 게 눈에 안 좋아.
Watching TV is not good for your eyes.

좋은 장소를 찾는 것이 너의 사업에 중요해요.
Finding a good location is important for your business.

DAY 37

그를 만나는 건 불가능해요.
It's impossible to meet him.

믿기 어려워.
It's hard to believe.

DAY 38

우리는 이것에 대해 얘기하는 중이었어.
We were talking about this.

나는 내 순서를 기다리고 있었어요.
I was waiting for my turn.

DAY 39

나 일하고 있을 거야.
I will be working.

나 친구들이랑 놀고 있을 거야.
I will be having a good time with my friends.

DAY 40

스테이크 어땠어?
How was the steak?

남산 간 것 어땠어?
How was the trip to Namsan?

DAY 41

나 옷 갈아 입을 거야.
I am going to get changed.

우리는 만날 수 있게 될 거예요.
We will be able to meet.

DAY 42

나 이거 끝내야 돼.
I gotta get this done.

너 가서 좀 쉴래?
You wanna go get some rest?

DAY 43

이거 내일 쓸 거야.
This is for tomorrow.

이거 내 방에서 가져온 거야.
This is from my room.

DAY 44

나는 내 것이라고 생각해.
I think that it's for me.

나는 그가 맞다고 확신해.
I'm sure that he is right.

DAY 45

더워서 나 안 나갈 거야.
It's hot, so I'm not gonna go out.

내가 너 잘 수 있게 집에 태워다 줄게.
I will give you a ride so that you can get some sleep.

DAY 46

네가 아프더라도 일단 나한테 전화해.
Even if you are sick, call me first.

너 영어 필요 없어도, 영어 공부해야 돼.
Even if you don't need English, you have to study English.

DAY 47

그가 시간이 있다고 그랬어.
He said that he has time.

너가 영어 쉽다고 말했잖아.
You said that English is easy.

DAY 48

이게 그의 최선인지 잘 모르겠어.
I'm not sure if this is his best.

이게 건강에 좋은지 잘 모르겠어.
I'm not sure if this is healthy.

DAY 49

난 그가 올지 모르겠어.
I don't know if he is coming.

난 이 장소가 딱 맞는 곳인지 모르겠어.
I don't know if this is the right spot.

DAY 50

나 내 핸드폰 있다고 생각했어.
I thought I had my cell phone.

난 내가 제시간에 도착할 수 있을 줄 알았어.
I thought I could make it on time.

DAY 51

내가 무슨 말을 해야 할지 모르겠어.
I don't know what to say.

어디 갈지 얘기해 줘.
Tell me where to go.

DAY 52

그녀가 갖고 있는 아이디어가 좋아요.
The idea that she has is good.

내가 운전하는 차가 이거야.
The car that I drive is this.

DAY 53

이건 내가 좋아하는 책이야.
This is the book that I like.

이건 우리 삼촌한테 받은 책이야.
This is the book that I got from my uncle.

DAY 54

내가 살고 있는 아파트는 방이 세 개야.
The apartment that I'm living in has three bedrooms.

내가 어제 간 레스토랑은 셰프가 유명했어.
The restaurant that I went yesterday had a famous chef.

DAY 55

매일 운동하는 사람들은 건강하다.
The people that exercise every day are healthy.

영어를 하는 사람들은 쉽게 직업을 찾을 수 있다.
The people that speak English can find a job easily.

DAY 56

여기 있는 사람들은 똑똑해요.
The people that are here are smart.

여기에 없는 사람들은 배울 수 없어요.
The people that are not here cannot learn.

DAY 57

우리는 운전할 수 있는 사람들이 필요해요.
We need the people that can drive.

우리는 같이 일할 사람들이 필요해요.
We need the people that will work together.

DAY 58

홍콩에 사는 사람들은 중국어를 한다.
The people who live in Hong Kong speak Chinese.

도쿄로 가는 비행기가 곧 출발할 겁니다.
The flight which is going to Tokyo is leaving soon.

DAY 59

그는 많이 알아.
He knows a lot.

나는 그녀보다 더 먹었어.
I ate more than her.

DAY 60

일어나기엔 이르다.
It is early to wake up.

이걸 말하는 게 어색해요.
It is awkward to say this.

DAY 61

내가 이것을 모르는 게 부끄러워.
It is embarrassing that I don't know this.

그들이 서로 말을 안 하는 게 어색해.
It is awkward that they don't speak to each other.

DAY 62

너 문 꼭 닫아야 해.
Make sure you close the door.

내일까지 네 일 꼭 끝내야 해.
Make sure your work is done by tomorrow.

DAY 63

나 열쇠를 이미 받았어.
I have got the key.

나 여기서 일한 적 있어.
I have worked here.

DAY 64

너 이런 거 본 적 있어?
Have you seen something like this?

차를 사는 거 생각해 본 적 있어?
Have you thought about buying a car?

DAY 65

계속 추웠어요.
It has been cold.

나는 쭉 좋은 엄마였다.
I have been a good mother.

DAY 66

너 이메일 이미 보냈어?
Have you sent an email?

나 여기 온 적 있어요.
I have been here.

DAY 67

나 여기에서 5년 동안 계속 살았어요.
I have been living here for 5 years.

나는 요가를 쭉 해왔어.
I have been practicing yoga.

DAY 68

이건 내가 그동안 쭉 써왔던 도구야.
This is the tool that I have been using.

이게 내가 계속 생각해왔던 거야.
This is what I have been thinking.

DAY 69

여기는 우리가 내일 만날 장소야.
This is the spot where we're meeting tomorrow.

나는 영어를 할 수 있는 사람들이 필요해.
I need the people who can speak English.

DAY 70

나 그거 마셨거든, 근데 그게 커피가 아니었어.
I drank it, but it was not coffee.

나 그거 먹었는데, 맛이 없었어.
I had it, but it was not good.

DAY 71

이건 일본에서 만들어졌어.
This was made in Japan.

너는 많은 사람들에게 사랑을 받았어.
You were loved by many people.

DAY 72

이것은 팔리고 있다.
This is being sold.

이것은 팔릴 것이다.
This will be sold.

DAY 73

앨범이 나왔다.
The album has been released.

제 이름이 아직 안 불렸어요.
My name hasn't been called.

DAY 74

이거 치즈로 만들어져요?
Is this made with cheese?

이것은 중국에서 생산되었던 전화입니다.
This is the cell phone that was produced in China.

DAY 75

이것은 일본어로 쓰여진 책입니다.
This is the book (that was) written in Japanese.

이것은 나를 위해서 디자인된 셔츠입니다.
This is a shirt (that was) designed for me.

DAY 76

이게 내가 계속 기다린 거야.
This is something that I have been waiting for.

이건 내가 계속 들었던 거야.
This is something that I have been told.

DAY 77

저는 여기서 일하는 사람들을 알아요.
I know the people working here.

나는 개가 여기 밑에 들어가는 걸 봤어요.
I saw the dog going down here.

DAY 78

저 이것 좀 도와주실래요?
Could you help me with this?

이 영화가 날 울게 만들었어.
This movie made me cry.

DAY 79

그는 화를 내는 경향이 있어.
He tends to get angry.

나는 그를 일을 통해 알게 됐어요.
I got to know him through work.

DAY 80

나 너한테 전화하려고 했는데.
I was about to call you.

나 그거 제시간에 끝내려고 노력하고 있어.
I am trying to finish it on time.

DAY 81

너 여기 하루 종일 있어야 돼.
You are supposed to be here all day.

나 원래 술 마시면 안 돼.
I am not supposed to drink.

DAY 82

충분해 보이지 않아.
It doesn't look enough.

나한테는 맛이 없어.
It doesn't taste good to me.

DAY 83

나 어제 머리했어.
I had my hair done yesterday.

프린터 고쳐 놔.
Have the printer fixed.

DAY 84

나 다 끝내놨어.
I got everything done.

이거 씻어 놓을 수 있어?
Could you get this washed?

DAY 85

저것 좀 내려줄래요?
Could you get it down?

이것 좀 할아버지께 가져다드려 줄래?
Could you get this to grandpa?

DAY 86

난 네가 지겨워/질려.
I'm sick of you.

난 네가 여기 있어서 자랑스러워.
I'm proud that you are here.

DAY 87

나 이 핸드폰의 색깔이 마음에 들어요.
I like the color of this phone.

나 이거 대부분 마음에 들어.
I like most of these.

DAY 88

이 색깔, 빨간색이야?
This color, is it red?

네 핸드폰, 새 거야?
Your phone, is it new?

DAY 89

제 방, 와이파이 있어요?
My room, does it have Wifi in it?

이 카페, 초콜릿 쿠키 있어요?
This café, does it have chocolate cookies?

DAY 90

어제 가족이랑 홍대에서 저녁먹은 건 어땠어?
The dinner with your family yesterday in Hongdae, how was it?

너 지난주 일요일에 친구랑 홍콩 다녀온 건 비쌌어?
Your visit to Hong Kong with your friend last Sunday, was it expensive?

DAY 91

우리 7시에 일어나?
Are we getting up at 7?

우리 몇 시에 저녁 먹어?
What time are we having dinner?

DAY 92

너 피자 먹고 싶어?
Do you want to have some pizza?

한번 입어보실래요?
Would you like to try it on?

DAY 93

너는 내가 가길 원해?
Do you want me to go?

우리가 언제 오길 원하세요?
When do you want us to come?

DAY 94

나 예전에 매일 아침마다 요가를 했었어.
I used to do yoga every morning.

내 책상은 원래 여기 있었거든.
My desk used to be here.

DAY 95

제가 이 의자 가져가면 신경 쓰이실까요?
Do you mind if I take this chair?

제가 먼저 내려도 괜찮을까요?
Do you mind if I get off first?

DAY 96

한 시간 안 걸려요.
It doesn't take an/one hour.

이거 끝내는 데 얼마나 걸렸어요?
How long did it take to finish this?

DAY 97

디카페인을 주문했어야 했는데.
I should have ordered decaf.

너는 어제 여기 왔었어야 해.
You should have come here yesterday.

DAY 98

우리 엄마가 나보고 방 치우라고 하셨어.
My mother told me to clean the room.

내가 너한테 아무것도 만지지 말라고 했지!
I told you not to touch anything!

DAY 99

너 커피 좋아해?- 응, 좋아해. / 아니, 안 좋아해.
Do you like coffee?- Yes, I do. / No, I don't.

이거 차가워?- 응, 차가워. / 아니, 안 차가워.
Is this cold?- Yes, it is. / No, it's not.

DAY 100

그러면(네가 좋아하면), 여기 밑에서 커피 살 수 있어.
If you do(If you like), you can get some coffee down here.

그러면(배고프면), 나가자.
If you are(If you are hungry), let's go out.